Jürgen Becker
Dietmar Jacobs
Martin Stankowski

So was lebt und Goethe musste sterben

Der dritte Bildungsweg

Kiepenheuer & Witsch

2. Auflage 2009

Umschlaggestaltung: Barbara Thoben, Köln
Umschlagmotiv: © Simin Kianmehr
Gesetzt aus der Stempel Garamond
Satz: Buch-Werkstatt GmbH, Bad Aibling
Druck und Bindearbeiten: CPI – Clausen & Bosse, Leck
ISBN 978-3-462-04166-8

Das Buch

»So was lebt und Goethe musste sterben« ist die kleine Hausapotheke für den Bildungsnotstand. Ein nützlicher Helfer, wenn's intellektuell eng wird. Wieso sind Flitzer peinlich? Wie kam das Lachen in die Kultur? Seit wann schämen wir uns, wenn wir »in flagranti« erwischt werden?
In seiner WDR-Sendung »Der dritte Bildungsweg« hat Jürgen Becker bereits mit Erfolg gezeigt, wie man mit Witz und Humor Bildung, Halbbildung und haltlose Thesen vermitteln kann. Hier führt er es fort. Gemeinsam mit seinen Co-Autoren Dietmar Jacobs und Martin Stankowski beleuchtet er zahlreiche Themen des Weltwissens, liefert neue Fakten und erklärt Zusammenhänge, wo es bislang keine gab. Und zwar zu recht. Getreu dem Motto: Man muss nicht alles verstanden haben. Aber man muss alles erklären können!
Tourdaten zu »Der dritte Bildungsweg« unter www.juergen-becker-kabarettist.de

Die Autoren

Jürgen Becker, geboren 1959, Moderator der »Mitternachtsspitzen«, alternativer Karnevalspräsident der legendären Kölner »Stunksitzung«, zurzeit mit dem Kabarettprogramm »Ja, was glauben Sie denn?« unterwegs. Bei KiWi u. a.: »Biotop für Bekloppte« (mit Martin Stankowski), »Von wegen nix zu machen» (mit Franz Meurer und Martin Stankowski), »Religion ist, wenn man trotzdem stirbt», »Geld allein macht nicht unglücklich«.
www.juergen-becker-kabarettist.de

Dietmar Jacobs, Dr. phil., 1967 geboren. Schreibt begeistert Theaterstücke, Kabarettprogramme und Drehbücher, u. a. für Richard Rogler, Jochen Busse, Thomas Freitag, das Kom(m)ödchen und die »Mitternachtsspitzen«. Seit 2006 Grimmepreisträger und Autor für »Stromberg«, »Dr. Psycho«, »Käptn' Blaubär« und viele andere Serien.
www.circenses.com

Martin Stankowski, Dr. phil., Jahrgang 1944, arbeitet als Publizist, Geschichtenerzähler und Rundfunkautor.
www.martin-stankowski.de

Inhalt

»In die Welt hinaus«
von Jürgen Becker

Die einzige Unterrichtsstunde, an die ich mich wirklich erinnere, fand bereits im ersten Schuljahr statt. Meine Grundschule Rosenzweigweg liegt mitten im Kölner Stadtteil Zollstock. Ein mächtiger Altbau aus der Gründerzeit umrahmt den Schulhof, der damals, 1966, Mädchen und Jungen durch eine durchgehende Linie strikt voneinander trennte. Auch in den Klassen keine Spur von Unisex. Einziges weibliches Wesen war unsere junge resolute Lehrerin. Die dritte Stunde eröffnete sie im Ton einer Oberbefehlshaberin: »Heimatkunde, Jungs, jetzt gehen wir erst mal in die Kneipe!« Wir trotteten in Zweierreihen – Frollein Dröschel hinterher – in die Wirtschaft »Zollstocker Hof«.

Schänke und Schule bei Hofe

Ein halbes Dutzend alter Kölner rauchte und soff sich bereits auf Betriebstemperatur, während wir I-Dötzchen den Bierdunst und Tabaknebel des Schankraums durchtasteten.

Auch Kneipen trennen offenbar sauber die Geschlechter, dachte ich, die Frauen sind wahrscheinlich in der Pinte nebenan.

»Watt wollt ihr dann he?«, fragte einer der Männer. Doch der Wirt wusste Bescheid. »Et jeht denne öm dat Öhlbild, Willi!«

Neben dem Glaskasten mit schönen Karnevalsorden hing ein riesiger Ölschinken. Er zeigte einen Stadtsoldaten an einem Schlagbaum, im Hintergrund eine alte Stadt. Das konnte nicht Köln sein, schließlich fehlte der Dom. So lernte ich beiläufig von Frollein Dröschel, dass dieser noch gar nicht so lange fertig ist und das Bild wohl vorher gemalt worden war. Damals mussten alle, die in die Stadt wollten, ihre Waren verzollen, erst dann ging dieser Stock auf. Deswegen nannte man diesen Schlagbaum damals Zollstock. »Jetzt ratet mal, warum euer Stadtteil so heißt?«

Nach ihrem launigen Vortrag hatte ich einigermaßen begriffen, wie Stadt früher funktionierte. Und da ich den ganzen Tag nach Bier und Qualm roch, ist mein Interesse für Geschichte nie verloschen.

Erst auf dem Gymnasium – dort fand nicht eine Exkursion statt – begann ich das Fach zu hassen. Die Sterilität des Klassenzimmers, die Monotonie der Pädagogin und nicht zuletzt die Abwesenheit von Bierdunst perfektionierte die Ödnis, in der nur noch die träumerische Fantasie eine Bildungsreise entstehen ließ.

Dieses Buch soll Appetit machen auf die kleinen Exkursionen, die letztlich im Gedächtnis mehr verfangen als die berühmte lange Rede mit dem kurzen Sinn. Hand aufs Knie: Wer kommt schon auf die Idee, auf dem Weg von Osnabrück nach Venedig ausgerechnet in Hamm oder Remagen Station zu machen?

Wer vermutet hier hinduistische Götter, die mit Milch übergossen werden, oder den heiligen Apollinaris, den Schutzpatron der Menschen mit dickem Kopf?

Unsere Reisegewohnheiten kaprizieren sich aufs Ankommen. Das aber führt zur Beliebigkeit des Zwischenraums. Doch gerade in diesem Zwischenraum verbirgt sich unsere Kulturgeschichte. Ob in Dülken, Gelsenkirchen, Augsburg oder in der Kneipe nebenan – überall gibt es Geschichte zum Anfassen. Dieses Buch ist ein Plädoyer für Goethes Gloria:

In die Welt hinaus!
Außer dem Haus
Ist immer das beste Leben!

Der dritte Bildungsweg führt uns an diese ungewöhnlichen Orte:

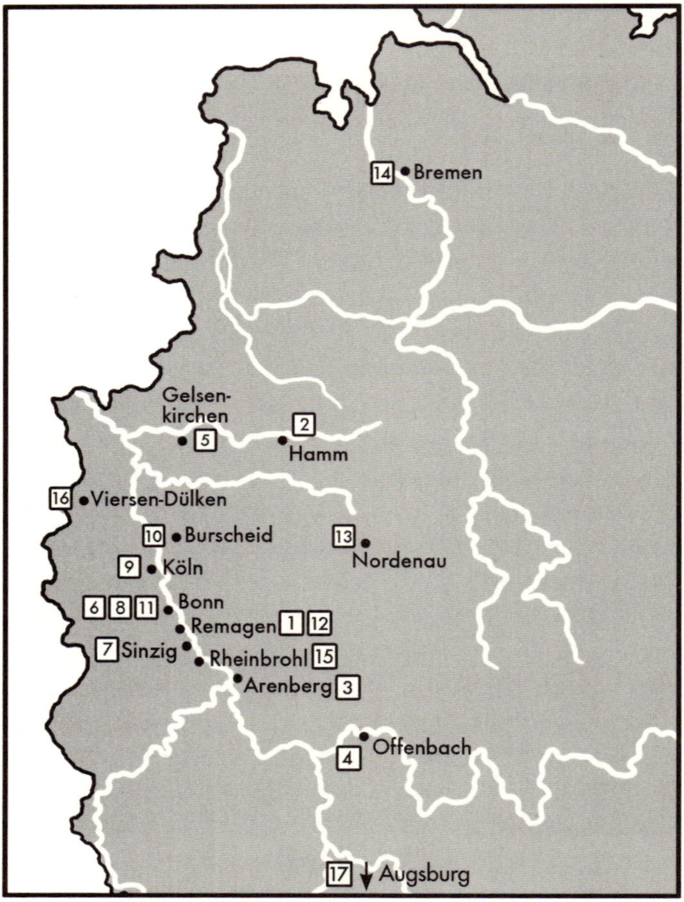

1 St. Peter und Paul (S. 20)
2 Hindutempel (S. 27)
3 Wellness-Kloster (S. 32)
4 CPP Studios (S. 41)
5 Zentralkomitee der MPLD (S. 49)
6 Akademisches Kunstmuseum (S. 55)
7 St. Peter (S. 59)
8 Nacktreiter (S. 65)
9 Pferdemetzger (S. 76)
10 Toilettenzentrale (S. 89)
11 Agentur für zeitgemäße Umgangsformen (S. 96)
12 St. Apollinaris (S. 103)
13 Wunderstollen (S. 111)
14 Alibi-Agentur (S. 123)
15 RömerWelt (S. 134)
16 Narrenakademie (S. 152)
17 St. Anna (S. 36)

Zu Hause ist Wegfahren am schönsten
Über das Reisen

Reisen bildet. Nur durch Reisen erlebt man fremde Welten, andere Kulturen, unbekannte Gebräuche. Was nicht zwangsläufig heißt, dass Reisen auch glücklich macht. Blaise Pascal war sich sicher: »Das ganze Unglück der Menschen rührt daher, dass sie nicht ruhig im Zimmer bleiben können.«

Einiges mag tatsächlich dafür sprechen, dass er recht hat: Vierzig Millionen Deutsche fahren jedes Jahr in den Urlaub und geben dabei fast 150 Milliarden Euro aus, um sich zu entspannen. Doch über ein Drittel der Deutschen ist nach einer Umfrage mit dem Urlaub unzufrieden. In dieser Zeit werden die meisten Scheidungen eingeleitet, jedes Jahr werden Männer von ihren Frauen auf der Fahrt in den Urlaub an Autobahnraststätten ausgesetzt – und viele Männer merken das erst, wenn die Frau sie auf der Rückfahrt wieder abholt. Und tatsächlich stellt man sich nach manchem Urlaub die berechtigte Frage: Was für einen Stress tun wir uns in unserer freien Zeit eigentlich an? Nachbarn waren zum Beispiel vor Kurzem mit drei Kindern für zwei Wochen auf Mykonos. Mit dem Auto! Fünfzig Stunden Fahrt! Und das einzige Hörspiel, das sie für die Fahrt mitgenommen hatten, war »Pippi Langstrumpf«. Fünfzig Stunden nonstop »Pippi Langstrumpf«! Wissen Sie, was das mit einem menschlichen Gehirn macht? An der kroatischen Grenze nach den Pässen gefragt, erklärten die Kinder instinktiv: »Wir sind Pippi, Tommy und Annika und wollen nach Bullerbü.«

Andere Freunde sind in diesem Jahr nach Zypern gereist. Bei fünfzig Grad im Schatten haben die sich über die Insel geschleppt, angeblich, weil das Land kulturell so viel zu bieten hat. Halb griechisch, halb türkisch. Da fragt man sich: Muss man dafür nach Zypern? Das hat man auch in Duisburg. Oder muss man im August durch Pompeji laufen, um die Ruinen einer runtergekommenen Stadt zu sehen? Da wartet man doch lieber mit einem Kaffee in der Kölner Südstadt, bis der U-Bahn-Bau fortgesetzt wird.

Aber im Urlaub sind wir zu jeder Anstrengung bereit. Es gibt bereits Angebote für 12-Stunden-Reisen nach Mallorca: hinfliegen, am Ballermann komasaufen und wieder zurück zum Flughafen. Was dann beim Rückflug im Flugzeug sitzt, sind keine Passagiere mehr. Das gilt als Reliquientransport.

In den schönsten Wochen des Jahres wollen wir uns erholen. Und wo fahren wir hin? In den Cluburlaub. Waren Sie da mal? In so einem Ferien-Guantánamo? Da hängt man auf Fuerteventura – eine Insel, etwa so interessant wie ein gebrauchtes Blatt Sandpapier –, will sich am Pool ausruhen ... und im nächsten Moment tanzen dreißig Animateure um einen herum und fragen, ob man Lust hat, die Schönheiten der Insel pantomimisch darzustellen oder in Seidenmalerei umzusetzen. Das würden wir zu Hause nie machen! Oder was würden Sie sagen, wenn Sie in Wesseling wohnen, einer bei Ihnen klingelt und fragt, ob Sie mit ihm die Schönheiten Wesselings pantomimisch darstellen wollen. Oder als Seidenmalerei. Der bekäme die Tür vor den Kopf. Und zwar zu Recht. Aber im Urlaub nehmen wir das hin.

Wobei sich auch viele Reisende hinterher über den verkorksten Urlaub beschweren. Auch vor Gericht. Denn oft präsentiert sich der Ferienort anders als im Prospekt angekündigt. Wenn dort zum Beispiel steht: »In Ihrem Urlaubshotel liegt internationales Flair in der Luft.« Dann liegt es wahrscheinlich in der Einflugschneise. Gerade in Hotels gibt es immer wieder Punkte, die einem den Urlaub vermiesen können. Auch in guten. Zum Beispiel in Berlin im Adlon. Sie hatten da Handtücher, die so dick und weich waren, dass man sie bei der Abreise gar nicht in den Koffer gekriegt hat. Geschweige denn den Bademantel. Und so kommt es zu Klagen. Es gibt in Deutschland jedes Jahr über 15 000 gerichtliche Auseinandersetzungen über Reisemängel. Von der Anzahl der zulässigen Moskitos in Marokko über Schnecken im Salat bis zum fehlenden Meerblick in der Schweiz wird alles verhandelt.

Einen besonderen Fall gab es vor dem Amtsgericht Mönchengladbach, wo ein Paar ernsthaft gegen einen Reiseveranstalter klagte, weil im gebuchten Doppelzimmer auf Mallorca kein Ehebett, sondern zwei Einzelbetten nebeneinander standen. Wörtliches Zitat aus der Klageschrift: »Die Betten standen auf einem rutschigen Fliesenboden, sodass ein harmonisches Einschlaf- und Beischlaferlebnis während der gesamten 14-tägigen Reise nicht zustande gekommen ist, weil die Betten bei jeder kleinsten Bewegung mittig auseinandergegangen sind.« Die Klage wurde allerdings abgewiesen, was das Gericht mit Witz und Hintersinn begründete: »Der Kläger hat nicht dargelegt, welche besonderen Beischlafgewohnheiten er hat, die fest verbundene Doppelbetten voraussetzen. Dem Gericht sind mehrere Varianten der Ausführung des Beischlafs bekannt, die auf einem einzelnen Bett ausgeübt werden können, und zwar durchaus zur Zufriedenheit aller Beteiligter … Es hätte nur weniger Handgriffe bedurft, die Betten mit einer Schnur zu verbinden. Statt einer Schnur hätte sich der Kläger auch seines Hosengürtels bedienen können. Dieser wurde in seiner ursprünglichen Funktion in diesem Augenblick sicher nicht benötigt.« So weit das Urteil aus Mönchengladbach.

Aber dass es überhaupt so viele Klagen gibt, zeigt: Urlaub ist für viele lästig, was man auch an unserer Sprache ablesen kann. Wenn ein Engländer aus dem Urlaub kommt, wird er gefragt: »How was your holiday?« Wenn ein Italiener zurückkommt, fragt man ihn: »Come è stata la vacanza?« Was fragt man in Deutschland? »Haben Sie den Urlaub gut überlebt?« Uns Deutschen geht es im Urlaub nicht ums Erholen. Es geht ums Überleben. Das zeigt sich übrigens auch an unseren Wanderliedern. Deutschland ist ja seit der Romantik ein Volk von Wandervögeln und hat Hunderte von Wanderliedern hervorgebracht, die das Reisen besingen. Aber was singt man da eigentlich?

Im Frühtau zu Berge, wir zieh'n, fallera,
es grünen die Wälder, die Höh'n, fallera.
Wir wandern ohne Sorgen,
singend in den Morgen,
noch ehe im Tale die Hähne kräh'n.

Ist das wirklich Erholung und Entspannung? Morgens, in aller Herrgottsfrühe, bevor es hell ist, todmüde durch eine nasse Wiese rennen? Und dabei noch singen? Das ist für mich kein Urlaub, das ist Folter!

Und was sieht der Deutsche, wenn er reist?

Es klappert die Mühle am rauschenden Bach, klipp, klapp. Bei Tag und bei Nacht ist der Müller stets wach, klipp, klapp.

Der Müller Tag und Nacht wach? Der muss also 24 Stunden arbeiten? Da kommt doch kein Urlaubsgefühl auf, wenn man das sieht. Das klingt nach Ich-AG. Urlaub ist für uns Deutsche mit Leiden verbunden. Deshalb ist das berühmteste Kölner Reiselied in der Zielrichtung ja auch ganz klar: »Ich mööt ze Fooß noh Kölle jon.« Das Beste an der Reise ist der Weg nach Hause. Oder wie der Schriftsteller Manfred Schmidt schrieb: »Der Sinn des Reisens ist es, es zu Hause wieder schön zu finden.« Deshalb versuchen wir im Urlaub ja auch immer die Heimat nachzubauen. Man fliegt 2000 Kilometer nach Mallorca, um da Leute aus Bergheim zu treffen und am Ballermann »Viva Colonia« zu singen. Die Heimat nehmen wir immer mit. Und das gilt nicht nur für Pauschaltouristen, sondern auch für die individuellsten Individualisten. In den Siebzigerjahren zogen zum Beispiel viele deutsche Hippies nach Kreta, lebten da in Höhlen, liefen nackt durch die Gegend und hatten Sex am Strand. Aber nach ein paar Jahren gab es tatsächlich eine Höhlenordnung. Die gilt heute noch. Und vor jeder Höhle gibt es Zäune. Früher war da Highlife und freie Liebe. Wenn da heute einer nackt mit einer Erektion am Zaun steht, wird er von den Nachbarn wegen Astüberhang verklagt. Weil die deutsche Heimat wieder durchbricht.

Denn eigentlich suchen wir uns beim Reisen selbst. Wir wollen das herstellen, was wir kennen. Das sieht man auch am Camping. Camping ist ja , wenn man die eigene Verwahrlosung als Erholung empfindet. Man sucht das Gefühl von Freiheit und fährt auf einen Platz mit einer größeren Bevölkerungsdichte als Mexico City. Der Mensch strebt somit auch beim Reisen nach Sesshaftigkeit.

Daher stellt sich die Frage: Wenn der Mensch die Heimat auf Reisen mitnimmt, warum fährt er dann überhaupt weg? Das liegt natürlich vor allem an unseren Vorfahren, den Urmenschen. Die ersten Menschen waren ja herumreisende Nomadenvölker. Wir waren von Natur aus Reisende, bis wir sesshaft wurden. Aber wie kam es dazu?

Da gibt es zwei Theorien. Die eine besagt, dass es vor etwa 10 000 Jahren auf der Erde wärmer wurde. Die Lebensbedingungen verbesserten sich, weshalb sich die Menschen stärker vermehrten. Für die erhöhte Population reichte das Jagen als Nahrungsquelle nicht mehr aus, weshalb die Urvölker begannen, sich niederzulassen und Getreide zu kultivieren. Die Männer gingen zur Jagd, und die Frauen kümmerten sich zu Hause um die Ernte. Jagen und Getreide anbauen. Deshalb heißen die bekanntesten Schnapssorten ja auch heute noch Jägermeister und Korn.

Und mit Alkohol wird auch eine der neuesten Theorien zur Sesshaftigkeit begründet: Der Evolutionsbiologe Josef Reichholf behauptet, dass das Bier der eigentliche Grund für die Sesshaftigkeit sei.

Die ersten Siedlungen der Menschheitsgeschichte findet man in Mesopotamien. Da gab es aber nie Nahrungsknappheit, wegen der man Getreide hätte anbauen müssen. Da liefen so viele Tiere rum, die konnten da im Prinzip jeden Tag grillen. Aber es fehlte zum Grillen das passende Getränk. Das wurde dann zum Glück entdeckt, als irgendwer mal versehentlich ein paar Handvoll Getreidekörner in einer Ecke liegen ließ, auf die es dann geregnet hat. Das Getreide fing an zu gären, und aus dem gegorenen Schmodder entstand eine Vorform von Bier, die man heute noch »Alt« nennt.

Nach Reichholf begannen die Menschen also Getreide anzubauen, um Bier zu brauen. Der Ursprung der Sesshaftigkeit war die Kneipe.

Schon damals gab es natürlich Leute, die sich mit dem Bierbrauen besser auskannten als andere, also Geheimwissen besaßen. Diese wurden sehr verehrt, woraus sich die Priesterkaste entwickelte, weshalb die Priester auch heute noch als Einzige in der Kirche Alkohol trinken dürfen.

Somit entstand auch die Religion aus dem Bier. Und neben ihr auch Kultur und Verwaltung. Das besagt die Reichholf-Theorie. Denn das Getreide fürs Brauen musste ja gewonnen, gelagert, gewogen und gemischt werden. Um das zu organisieren, entwickelten die Menschen die Bürokratie und die Schrift. Tatsächlich hat man die ersten Schriftzeichen auf Behältern für Getreide gefunden. Dort stand in Keilschrift, wie viel drin war.

Dass die Keilschrift mit dem Bier zu tun hat, ist bekannt. Schließlich wird sie von den Wirten heute noch verwendet.

Die Keilschrift:
das Alphabet der Kneippenwirte

Das hier ist ein ganzer Satz. Er lautet: »Geh mal nach Haus, ich glaub, deine Frau wartet.« So entstanden die Sesshaftigkeit und die Idee, dass man besser zu Hause bleibt, als in die Welt hinauszuziehen. Home sweet home.

Ein Motto, das übrigens auch vom Christentum immer wieder propagiert wurde. Das kann man sehr schön in Remagen beobachten – ein Ort, den man besuchen sollte, bevor man für immer zu Hause bleibt.

Das erste Fluggerät

Im Jahre 2001 feierte die Stadt Remagen am Rhein ihren 2000. Geburtstag. Das war nicht falsch, aber zu kurz gegriffen. Die Remagener erinnerten an die Errichtung eines römischen Kastells, das an der alten Militärstraße von Mainz nach Köln erbaut worden war. Doch die Siedlung an dieser Stelle ist älter und geht wie der ursprüngliche Name Rigomagus wohl auf die Kelten zurück. Das sind stolze Daten und Jubiläen, die man dem Ort jedoch im Alltag nicht ansieht. Remagen wird, wie die allermeisten Dörfer und Städte am Rhein, von der Bundesstraße durchtrennt, und seine Stadtteile wirken ein wenig verloren. Wie hingeworfen erscheinen die unterschiedlichen Stile und Bauten, ungalant die Plätze, und vor allem an der Uferzone wird deutlich, dass hier von einem Gestaltungswillen in den letzten fünfzig Jahren kaum gesprochen werden kann. Da tröstet auch der Hinweis auf die lange Geschichte nicht.
Ein schönes Ensemble im ansonsten eher durchschnittlichen Stadtbild von Remagen findet man indes rund um die Alte Pfarrkirche St. Peter und Paul. Die Gassen und Mauern, Häuser und Gärten erscheinen fast wie ein vergessenes urbanes Quartier in dieser Kleinstadt. Die Kirche gilt als eine der ältesten am Rhein, der Bau entstand im 13. Jahrhundert, der Zeit der Spät-

romanik. Faszinierend ist vor allem das »Pfarrhoftor«, ein großes Portal vor der Kirche, das schon aus dem frühen 12. Jahrhundert stammt, aber erst 1902 an diesem Ort aufgestellt wurde. Ein großer und ein kleiner Torbogen mit vitalen Plastiken und Halbreliefs geben der Kunstgeschichte Rätsel auf, da sie heidnische und christliche Motive, Bilder und Symbole mischen. Allgemein nimmt man eine Darstellung der Laster an, symbolisiert sind Hochmut, Eitelkeit, Zorn oder Geiz, wobei die ausdrucksstarken Bilder eine eigene Sprache sprechen: Tiere, die sich selbst verschlingen, Übergangswesen zwischen Mensch und Tier bzw. Tier und Pflanze, expressive Gesichter, die uns an afrikanische Masken erinnern und die nichts von ihrer Faszination verloren haben. Man kann sich wunderbar ausmalen, was man hier sehen und erkennen will.

Heidentum und Christentum in einer Firma – anfassen ist keine Sünde.

Eine Geschichte, die direkt über dem kleineren Tor dargestellt ist, hat als literarische Vorlage die Himmelfahrt Alexanders des Großen. Der Feldherr Alexander war bei seinen Kriegszügen am Ende der Welt angelangt und wollte nun auch den Himmel erkunden. Er baute sich einen Flugapparat, einen Korb, an den er zwei Greifenvögel band, furchterregende Tiere mit Löwenkörpern und Adlerköpfen, denen er zwei Ratten als Köder vorhielt. Als die Vögel danach schnappen wollten, setzten sie das Gefährt in Betrieb. Vögel als Motoren und Ratten quasi als Treibstoff – vielleicht der erste Flugversuch der Geschichte. Nach siebentägigem Flug begegnete Alexander einem Engel, der wissen wollte,

wieso er den Kosmos erkunde, obwohl er doch nicht einmal die irdischen Dinge kenne. Beschämt kehrte Alexander um und fuhr nach Hause zurück.
Diese Parabel stammt aus dem Alexanderroman, dem populärsten Volksbuch in Antike und Mittelalter neben der Bibel, und wurde als Allegorie für den Hochmut verstanden. Aber der Alexanderroman war mehr, er war Kriegsbericht, exotischer Reiseroman und auch Erbauungsliteratur. Hat der Mensch das Recht die Grenzen der Welt zu erkunden, gar zu überschreiten? Wie lange lassen sich das die Götter gefallen? Und was ist überhaupt jenseits der Grenze?

Pfarrhoftor Remagen
St. Peter, Kirchstraße 32
53424 REMAGEN

Liebt er zwar die Heimat, so strebt der Mensch doch auch danach, die eigene Begrenztheit zu überwinden. Und dafür hat er einiges unternommen. Er hat das Rad erfunden, die Eisenbahn, das Auto. Das gibt es schon seit 1759 und wurde von dem Franzosen Nicolas Cugnot konstruiert:

Ließ es ordentlich kesseln: Cygnots Chrash-Car

Es fuhr mit Dampf. Allerdings funktionierte das am Anfang nicht so richtig, und der Wagen raste gleich beim ersten Test mit Volldampf gegen eine Mauer. Weshalb Cugnot zugleich drei Sachen erfunden hat: das Auto, den Airbag – und er hat mit dem Satz »Die Mauer muss weg« die deutsche Einheit inhaltlich vorbereitet. Ein Pionier des Reisens.

So wie sein Zeitgenosse Goethe. Der sagte: »Man reist, um zu reisen, und nicht, um anzukommen.«

Wollte nicht ankommen: Goethe auf Raststätte

Das könnte der neue Werbespruch der Bahn AG sein. Goethe ist in seinem Leben über 31 000 Kilometer gereist. Und schrieb darüber dicke Schinken. Reisetagebücher. Das kennt man heute gar nicht mehr. Heute schickt man aus dem Urlaub eine SMS. Hätte Goethe heute gelebt, wäre die »Italienische Reise« kürzer geworden: »Geile Sonne, Super-Schüsse. Lecco mio. Euer Wolle.«

Natürlich liegt unser Drang zu reisen nicht nur in unseren Nomadengenen begründet, auch äußere Motive spielten stets eine Rolle. Die Menschen verließen ihre Heimat auf der Flucht vor Not und Krieg. Oft aber auch, um andere Völker zu erobern oder um zu pilgern. Zum Beispiel auf dem Jakobsweg nach Santiago de Compostela, ein Ort in Nordspanien, der so heißt, weil der heilige Jacobus da kompostiert wurde.

Den Jakobsweg gingen schon im Mittelalter Hunderttausende. Heute sind das Millionen. Große Teile des Jakobsweges sind inzwischen für die Pilger vierspurig ausgebaut. Da machen Bankmanager heute schon Wettpilgern. Wer als Erster Sinn in seiner Existenz findet, hat gewonnen. Obwohl viele Pilger am Ende enttäuscht sind, weil sie dachten, der heilige Jakob sehe aus wie Hape Kerkeling.

Jedenfalls war das Reisen im Mittelalter stark mit der Religion verbunden. Weshalb es jahrhundertelang Pflicht war, vor jeder Reise zu beten. Das machen heute nur noch wenige. Nach einer Umfrage von 2008 haben inzwischen mehr Deutsche Vertrauen zum ADAC als zu Gott. Weil sie sagen: Gott ist zwar groß, aber er kommt halt nicht raus, wenn mir nachts um drei auf der Autobahn der Keilriemen reißt.

Aber lange Zeit blieb das Gebet vor der Reise obligatorisch. Das machten sich übrigens mal wieder die Kölner zunutze. Der Kölner reist ja nicht gern. Weil er sein Leben in dem Irrglauben verbringt, in der schönsten Stadt der Welt zu wohnen. Dennoch wollte er aber am allgemeinen Gereise teilhaben. Und zwar finanziell. Deshalb haben die Kölner dafür gesorgt, dass die Heiligen Drei Könige zu den Schutzheiligen der Fernreisenden wurden. Das heißt, jeder, der eine längere Reise machte – und ging sie auch von Rom nach Madrid –, musste vorher in Köln am Dreikönigenschrein im Dom eine Kerze anzünden, dann in den umliegenden Kneipen ein paar Kölsch trinken, »jet müffele, jet süffele«, und in den Puff gehen. Eben all das, was fromme Leute auf Wanderschaft tun. Und die Kölner sahnten ab …

Wobei die Stadt selbst als Touristenort und Ziel von Besichtigungen lange gemieden wurde. Weil es in der Stadt so dreckig war. Es gab ein geflügeltes Wort: »Die dreckigsten Städte der Welt fangen alle mit »C« an: Calkutta, Constantinopel und Cöln.« Das ist heute anders. Calkutta und Constantinopel haben gegen den Dreck was gemacht.

Unabhängig von Köln ist das Rheinland übrigens eine der ersten echten Touristenregionen der Welt. Besonders die Engländer, die als Erste im großen Stil als Touristen unterwegs waren, schätzten das Rheinland bereits im frühen 19. Jahrhundert als Reiseziel. Denn sie hatten sich durch die Industrialisierung zu Hause die ganze Landschaft mit Fabriken versaut und wollten jetzt ganz im Geist der Romantik die wilde, unverbrauchte Natur erleben. Und da passte das Rheintal mit seinen schroffen Hängen und zerfallenen Burgen perfekt. Das war für die Briten die ideale Landschaft: ursprüngliche Natur, Zerfall … und dann noch die Eingeborenen! Die Rheinländer selbst. Die galten damals schon als arbeitsscheu, locker, lustig, mit ewigem Schlendrian. Die Engländer waren also die Hippies des 19. Jahrhunderts. Die Freaks. Damit war das Rheinland als Reiseziel das, was Gomera oder Woodstock für die 68er war.

Während die Engländer gern an den Rhein oder ins Hochgebirge fuhren, spielte sich der deutsche Tourismus lange hauptsächlich in den Bädern ab. Schon früh reiste man zu Bädern und Quellen in der Natur. Darauf deuten heute noch Ortsnamen wie Kaltbad oder Wildbad hin. Wenn man es am Rücken hatte, fuhr man zum Warmbad, wenn man Probleme mit der Haut hatte, zum Schwefelbad, und wenn es mit dem Gehirn nicht mehr klappte, nach Wildbad Kreuth. Das macht die CSU-Führung ja heute noch jedes Jahr.

Das Bad wurde ein wichtiges Reiseziel. Überall in Deutschland gibt es Bäder: Bad Ems, Bad Pyrmont, Bad Neuenahr, Bad Wörrishofen. Städte, die im Prinzip von der Krankenkasse gegründet worden sind. Oder Baden-Baden. Deutschlands Antwort auf den »Jurassic Park«. Waren Sie da mal? Wenn Baden-Baden was für die Jugend veranstalten will, tritt da Jopi Heesters auf.

Die Kurorte hatten ihre Blüte im 19. Jahrhundert und dann wieder in den Siebzigerjahren, als es Deutschland noch gut ging. Die Älteren werden sich erinnern. Da konnte man zum Arzt gehen, sagen: »Ich hab Schnupfen«, und bekam direkt sechs Wochen Bad Orb mit allem Drum und Dran geschenkt. Mit Massage, Schlammpackungen und fest angestellten Kurschatten. Wenn man ins Hotel kam, lag da schon eine Mitarbeiterin von der AOK im Bett. Das gibt es heute alles nicht mehr. Obwohl das falsch ist. Die Kurorte wären die Rettung für Deutschland. Man muss nur rechnen: Bad Kissingen hat 21 000 Einwohner, aber insgesamt 200 000 Übernachtungen im Jahr. Davon etwa 150 000 Kurgäste. Wenn jetzt jeder Kurgast die Krankenkasse am Tag 400 Euro kostet, belastet das die Allgemeinheit mit insgesamt 60 Millionen Euro. Aber allein die Spielbank in Bad Kissingen, in der die Alten abends die Rente verbraten, nimmt im Jahr 120 Millionen Euro ein. Das heißt, ein Kurgast bringt dem Staat doppelt so viel, wie er kostet. Wenn wir Deutschland also retten wollen, dann müssen wir nicht mehr arbeiten, dann müssen wir alle in Kur. Für immer.

Was machst du an der Welt? Sie ist schon gemacht,
Der Herr der Schöpfung hat alles bedacht.
Dein Los ist gefallen, verfolge die Weise,
Der Weg ist begonnen, vollende die Reise:
Denn Sorgen und Kummer verändern es nicht,
Sie schleudern dich ewig aus gleichem Gewicht.

Goethe, Westöstlicher Divan

Manchmal führt eine Reise auch an ein anderes Ziel, als man geplant hatte. Dies zeigt die Geschichte eines Hindus, der im Zug Hunger bekam. Wenn man »Hunger« lautmalerisch in Kindersprache übersetzt, klingt das meist so: »ham-ham.« Und deshalb sind »Hinduismus« und »Hamm« zwei Begriffe, die zueinander gehören. Was man bei einer kleinen Exkursion in die westfälische Stadt eindrucksvoll feststellen kann …

Hindus in Hamm

Manche halten es ja für angemessen, dass der Tempel der Hindus in einem randständigen Gewerbegebiet nahe der A 2 steht. Denn Mitglieder der arbeitenden Klasse sind unter den Besuchern überrepräsentativ vertreten, in aller Regel auch mit sogenanntem »Migrationshintergrund« ausgestattet. Hamm hätte jedenfalls sehr viel weniger zu bieten, wenn man von dem Atommeiler Hamm-Uentrop absieht, der sich in Sichtweite jenseits der Autobahn befindet. Aber war es Zufall, Fügung oder Brahmas unerforschlicher Ratschlag, dass ausgerechnet am Rande des Ruhrgebiets Deutschlands größtes Gotteshaus für Hindus errichtet wurde? Der damalige Bürgerkriegsflüchtling aus Sri Lanka und heutige Oberpriester Sri Paskaran war 1985 mit der Bundesbahn unterwegs, hatte nichts mehr zu essen, besuchte Bekannte in Hamm – und blieb hier hängen. Die »Göttin mit den Augen der Liebe« bekam er später von einem Touristenpaar geschenkt. Und da es unendlich viele Götter im hinduistischen Olymp gibt, kam es auf eine mehr oder weniger nicht an. Er machte diese zu seiner Hauptgöttin und konnte nach mehreren Etappen 2002 mit seiner Gemeinde den neuen Tempel einweihen. Der Standort hat allerdings auch ganz praktische Gründe: Für das rituelle Bad der Göttin beim jährlichen Tempelfest existiert ganz in der Nähe der Datteln-Hamm-Kanal.

Hindu Sri Paskaran (rechts) aus Hamm-Uentrop

17 Meter hoch ist das pyramidenartige Tempelportal, und genau 27 mal 27 Meter misst der Bau, von indischen Spezialisten eingerichtet und bemalt. Vor allem aber ist der Tempel bunt. Die Altäre und Opferstätten der neun Planetengötter, die mit Ornamenten und mythologischen Figuren verzierten Schreine, die Lehrtafeln und Bilder über Tugenden und Laster, angereichert um die jeweiligen Strafen im Jenseits, die Seelenwanderung oder der Weg zur Glückseligkeit: Alles ist betörend bunt, riecht intensiv nach den Räucherstäbchen, überall finden sich Blütenblätter und Fruchtkörbe, vor allem mit Kokosnüssen, als Geschenke an die

Götter. Und es ist ein Kult mit viel Wasser. Unter und in allen Schreinen, Altären und Tempelchen gibt es Auffangbecken für die rituellen Waschungen der Götter bzw. Abflussleitungen für die flüssigen Opfergaben. Allein beim Tempelfest wird die Göttin mit 1008 Litern Milch übergossen, aber nicht einfach aus der Aldi-Packung, sondern umgefüllt in eine rechtsdrehende Muschel, aus der sich die Gabe ergießt. Anschließend findet dieselbe Prozedur mit 1008 Litern Wasser statt.
Hindus sind Vegetarier, ihre Priester kennen kein Zölibat, haben Familie und Kinder. Männer und Frauen sind gleichberechtigt im Kult, und der Tempelbesuch ist freiwillig, denn üblicherweise hat man zu Hause seinen eigenen Altar. Entscheidend für Religionsfrieden wie Gesellschaftsorganisation ist auch: Hindus missionieren nicht.
Einmal im Jahr findet das große Tempelfest statt, mit einer riesigen Prozession, an der Tausende teilnehmen, aus der ganzen Republik, auch aus Belgien oder den Niederlanden. Es sind überwiegend Tamilen, die aus Sri Lanka stammen und als Bürgerkriegsflüchtlinge seit Anfang der Achtzigerjahre in Deutschland Asyl gefunden haben. Rund 60000 leben hier, rund 45000 von ihnen sind Hindus, und Hamm ist ihr Zentrum.

Hindu Shankarar Sri Kamadchi Ampal Tempel
Siegenbeck Str. 4–5
59071 Hamm-Uentrop
Tel. 02388-302223
www.kamadchi-ampal.de/
Sprechstunden täglich 14-16 / 20-22 Uhr
Gottesdienst täglich 8, 12 + 18 Uhr

Wo ist Gottes Gewerbegebiet?
Über die Religion

Gott in Hamm. Man stutzt im ersten Moment. Aber warum sollte man das Göttliche nicht auch dort erleben? Gut, Hamm ist nicht das Paradies. Zumindest nicht unter 2,3 Promille. Aber das stört die Hindus dort nicht, schließlich sind sie daran gewöhnt, viel zu ertragen. Denn der Kernsatz des Hinduismus lautet: »Et hätt noch emmer joot jejange.« Man weiß nur nicht, in welchem Leben. Denn wie es einem geht, hängt im Hinduismus davon ab, wie man sich im letzten Leben verhalten hat. Man ist sozusagen seines Glückes Schmied. Das heißt, wenn Sie zum Beispiel in einem öden Ort leben, ist das nicht schön, aber da können Sie nix für. Das ist die Strafe, weil Sie im letzten Leben eine Arschgeige waren. Deshalb konnte sich in Indien auch das Kastensystem etablieren. Wenn man in eine blöde Kaste hineingeboren wird, dann ist das auch die Konsequenz des letzten Lebens. Das ist Schicksal und man muss in der Kaste bleiben, in die man hineingeboren ist. Ein hinduistisches Prinzip, das wir in Deutschland als »dreigliedriges Schulsystem« kennen. Wer nix hat, der hat es nicht anders verdient. In diesem Punkt ist der Hinduismus inhaltlich ein bisschen wie die FDP. Und nicht nur in diesem. Auch in der Betrachtung der Arbeitnehmerschaft. Für den Hindu ist bei der Arbeit Pflichterfüllung wichtiger als Lohn. Der Hindu macht seine Arbeit, auch wenn er kein Geld bekommt. Ein Prinzip, das eine Firma wie »Schlecker« bei uns in Deutschland seit Jahren praktiziert und das die Politik mit dem Verzicht auf Mindestlöhne unterstützt.

Jetzt werden sich trotzdem einige fragen: Lohnt es sich, zum Hinduismus zu wechseln? Aber diese Frage muss man sich gar nicht stellen. Denn der Hinduismus lässt neben sich noch andere Religionen zu. Man muss nicht wechseln, man kann gleichzeitig katholisch und hinduistisch sein. Zumindest aus Sicht der Hindus. Die Katholiken sehen das bekanntermaßen anders. Zum Beispiel Kölns Erzbischof Kardinal Meisner. Der »Kölner Stadt-Anzeiger« berichtete zum siebzigsten Geburtstag des schmallippigen Kirchenführers, dass auf allen Feierlichkeiten seiner Familie ausschließlich katholische Verwandte zugelassen sind. Zweifler, Geschiedene, Mischehen, Evangelen – sie alle werden aus dem Kreise der Familie verbannt. »Ich kann Protestanten auf den Tod nicht ausstehen«, verriet der kleingeistige Kleriker jüngst wörtlich. Würde dieser Fundamentalismus Schule machen, gäbe es in Deutschland Familienfeste nur noch in homöopathischen Dosen. Kaum eine Familie, in der nicht irgendein entfernter Verwandter mit dem Buddhismus liebäugelt.

Der Dalai Lama ist inzwischen ja auch der beliebteste Religionsführer in Deutschland. Noch vor Hape Kerkeling, Delfinen und Babyrobben. Der beliebteste Vorname in Deutschland ist vermutlich nicht mehr »Kevin«, sondern »Dalai«. Und man will nicht wissen, wie viele Eltern hoffen, dass ihr Nachwuchs als neuer Dalai Lama erkannt wird. Der Mann ist ja auch beeindruckend. Wahrscheinlich ist es nur eine Frage der Zeit, bis er Bundespräsident wird. Oder eine eigene Fernsehsendung in der ARD bekommt: »Weich aber fair«.

Wobei der Buddhismus natürlich auch deshalb so beliebt ist, weil er Religion perfekt mit Wellness verbindet. Buddhismus – da denkt man an Räucherstäbchen, an Entspannung, an Bergsteigen. Das ist anders als bei den Katholiken. Da verbindet man mit der Religion Sünde, Strafe, Beschränkung. Wie in dem Witz, wo der Mann stirbt und in die Hölle kommt. Da trifft er den Teufel, der mit ihm durch die Gänge geht und ihm die Hölle zeigt. Da kommen die beiden an einem Raum vorbei, in dem Leute bei leckerem Essen, Wein und guter Musik sitzen. Denen geht's super. Dann gehen sie weiter. Noch ein Raum. Da räkeln sich die Leute auf bequemen Matten und haben Sex. Super-Stimmung. Im nächsten Raum werden Leute massiert und mit ätherischen Ölen eingerieben. Andere sitzen im Whirlpool. Wunderbar. Und schließlich kommen sie zu einem Raum, in dem Leute gefoltert, aufgespießt, gequält werden. Fragt der Mann: »Was ist denn das? Überall ist es so nett in der Hölle. Und hier ist es so eklig …« »Ja«, sagt der Teufel, »das sind die Katholiken. Die wollen das so.«

Wer aber erleben will, dass inzwischen auch bei den Katholiken umgedacht wird, dem sei eine Reise nach Koblenz-Arenberg empfohlen.

Wellness-Kloster

Wenn man die Presseberichte über das Kloster Arenberg durchblättert, fallen schon die Titel der Magazine auf: »Lisa«, »Tina« oder »Liebas Land«, »Echo der Frau«, »Bella« und »Laura«, auch ein »Theo« ist dabei, und eher randständig »Geo« und die »taz«. Arenberg ist ein Konvent der Dominikanerinnen, auf der rechten Rheinseite hinter dem Ehrenbreitstein gelegen, nicht weit von Koblenz entfernt, und wird in der einschlägigen Szene als Wellness-Kloster apostrophiert. Diesen Titel haben die Medien dem Kloster verliehen. Die Nonnen selbst berufen sich auf den katholischen Gesundheitsguru Pfarrer Kneipp und dessen meditative und medizinische Prinzipien, die Leib, Geist und Seele als Einheit sehen. Sie hätten für diese Prinzipien, über Wassertreten und Oberarmduschen hinaus, einen zeitgemäßen Ausdruck gesucht und gefunden.

Da ist zunächst der alte Klosterbau, in dem rund 65 Nonnen leben, die meisten nach bürgerlichen Maßstäben im Rentenalter. Daneben befindet sich ein 2002 neu errichtetes Hotel mit Bäder- und Vitalzentrum. Ein knappes Dutzend Klosterfrauen arbeitet hier zusammen mit rund 65 Krankengymnasten, Ärzten, Pflege- und Hotelpersonal, Therapeuten und Gärtnern. Rundherum eine weite Parkanlage mit Gärten, Lauben und Streuobstwiesen, außerdem Gemüse- und Obstanbau, eine Imkerei und, ganz berühmt, der große Kräutergarten, dessen Produkte im eigenen Laden vermarktet werden. Alles ist eingerichtet nach dem Klostermotto »erholen, begegnen, heilen«. Und eine Preisliste führt alle Leistungen auf, von der teuersten Ganzkörper-Aromaölmassage für 54,50 Euro bis zur günstigsten Wärmebehandlung als »feuchtwarme Leibauflage« für 5,50 Euro.

Wie Jesus übers Wasser laufen?
Oder lieber in den Whirlpool?
Martin Stankowski mit Wellness-Nonne

Wenn man dann das Klosterhotel betritt, entdeckt man Biblio-

thek und Schwimmbad, Fitnessraum und Kapelle, Meditations- oder Gymnastikräume, Café, Sauna und Lesezimmer – und natürlich die Gästezimmer, deren Einrichtung wie eine Kombi aus Oilily-Outfit und Flötotto-Design anmutet. Die überwiegend weiblichen Gäste wirken gelassen, konzentriert, manche sogar glücklich, die Klosterfrauen sind patent und freundlich, und je mehr man sieht, hört und erlebt, umso mehr fragt man sich, was das alles mit Religion und Gott zu tun hat? Sicherlich: Meditation, Askese, Yoga können Übungen mit religiösem Gehalt sein. Die Dominikanerinnen irritiert diese Frage nicht, wird sie ihnen doch ständig gestellt, weil die Menschen verwundert nach dem suchen, was sie als Bild eines Klosters im Kopf haben. Und dann erklären die Nonnen ihren sowohl ganz traditionellen als auch ganz aktuellen Ansatz der Leib-Seel-Sorge als unteilbarem Ganzen vom Menschen. Die zeitgenössischen Varianten körperlicher, seelischer und intellektueller Not zu erkennen und anzugehen, das ist ihre Strategie. Und so sind Burn-out, Hektik, Stress, Mobbing, Beziehungskrisen und Ähnliches die Schäden, die es zu beheben gilt.
Die Faszination des Wellness-Klosters liegt in der Selbstverständlichkeit, mit der das geschieht. Und weil es zu funktionieren scheint, spielt irgendwann die Antwort auf die Frage nach Religion und Glaube keine Rolle mehr: Hauptsache, den Menschen geht es anschließend besser.

Dominikanerinnen Kloster Arenberg
Cherubine-Willimann-Weg
www.arenberger-dominikanerinnen.de

Was gibt uns wohl den schönsten Frieden,
Als frei am eignen Glück zu schmieden.
Goethe

Katholische Kirche und Wellness: Passt das wirklich zusammen? Schließlich gibt es ja noch die Hölle. Der katholische Pfarrer Franz Meurer aus Köln-Höhenberg ist Spezialist für die Hölle. Und das nicht nur, weil er auf der rechten Rheinseite arbeitet. Wir fragen ihn:

Franz, glaubst du an den Teufel?

Franz Meurer: Ja natürlich! Dann habe ich doch mehr Auswahl. Der Teufel ist ein gefallener Engel, der dem lieben Gott gesagt hat: Leck mich am Arsch, ich mache eine eigene Firma auf!

Das kennen viele Meister von ihren Gesellen: Die Besten gehen. Aber der Teufel ist doch im Katholizismus sehr abschreckend. Der hockt da in der Hölle. Das ist doch schrecklich …

Franz Meurer: Nein, es gibt ja einen Ausgang. Die Hölle hat sich im Laufe der Jahre weiterentwickelt. Die Vorstellungen von der Hölle kommen aus der Antike. Aus Griechenland. Da gab es die Oberwelt und die Unterwelt. In der Unterwelt waren die Toten und das Verderben. Und dahin brachte einen der Fährmann Charon.

Ja. Wer mal mit einer griechischen Fähre gefahren ist, kann sich vorstellen, wie schrecklich diese Reise gewesen sein muss.

Franz Meurer: Jedenfalls übernahm das Christentum diese Vorstellung von der Hölle.

Und Hölle heißt, dass man gebraten wird wie ein Gyros?

Franz Meurer: Ja. Aber das war nur bis etwa 1000 nach Christus so. Denn dann wurde das Fegefeuer erfunden.

Mit dem Fegefeuer konnte der Mensch sein Schicksal im Jenseits erstmals beeinflussen. Das heißt, der Mensch ist nicht mehr ohnmächtig, sondern kann das Jenseits aus dem Diesseits mitbestimmen.

Das Christentum ist deshalb eine Religion, die sich mehr einmischt als der Hinduismus oder der Buddhismus, der mehr abwartet, weil eh alles planmäßig verläuft?
Franz Meurer: So kann man es vereinfacht sagen.

Der Hindu ist also immer entspannt. Deshalb muss er andere Religionen auch nicht bekämpfen. Er lebt das kölsche Prinzip: »Jeck loss Jeck elans«.

Ein Jeck lässt einen anderen Jecken vorbei, oder wie Goethe ins Hochdeutsche übersetzte:

Nichts wird rechts und links mich kränken,
Folg ich kühn dem raschen Flug;
Wollte jemand anders denken,
Ist der Weg ja breit genug.

Die Klapp-Kirche

Der Augsburger Religionsfriede von 1555 schrieb die rechtliche Gleichstellung des protestantischen und katholischen Glaubens fest. Hier galt schon hundert Jahre vor dem Westfälischen Frieden: »Cuius regio eius religio« – wessen Land, dessen Religion. Der Fürst bestimmte über den Glauben seiner Untertanen. Wer sich dem nicht fügen wollte, konnte durch Auswanderung die Konfession wechseln. In einigen Reichsstädten war allerdings bereits das Nebeneinander beider Religionen erlaubt. In Augsburg findet man dieses Nebeneinander sogar in einer einzigen Kirche. Eine echte Sensation, die kaum bekannt ist, steht dieser Bau doch etwas im Schatten von St. Ulrich und dem Augsburger Dom. 1321 erbauten Karmelitermönche in der heutigen Fußgängerzone eine Kirche mit Kloster: St. Anna. Im 15. und 16. Jahrhundert wurde die Kirche mehrmals erweitert und umgebaut, weltberühmte Gemälde von Lucas Cranach, Jörg Breu und Heinrich Eichler verblüffen die oft ahnungslosen Besucher. »Das Bild kenn ich«, sagte ein kleines Mädchen, während wir die Kirchenbänke untersuchten. Sie zeigte auf das wohl berühmteste Luther-Porträt der Welt, das dort unprätentiös an der Wand hängt. Immerhin nächtigte Luther in dem Kloster der Kirche, als er im Oktober 1518 dem römischen Kardinal Cajetan in den Fuggerhäusern Rede und Antwort stehen musste. Sein Zimmer, die Lutherstiege, ist erhalten und kann besichtigt werden. Der Papst verlangte von Luther den Widerruf seiner 95 Thesen. Er weigerte sich und flüchtete bei Nacht.

Heute ist St. Anna Welterbe und selbstverständlich evangelisch. Aber die Funktion der Kirchenbänke verblüfft. Man kann die Lehnen nämlich umlegen und wechselt damit die Glaubensrichtung. So wird am prunkvollen Altar auf der ehemals römisch-katholischen Seite des Kirchenschiffs zum Todestag des Fuggers eine katholische Messe gehalten. Anschließend klappt man die Lehnen wieder zurück, und man sitzt in evangelischer Fahrtrichtung und schaut auf den etwas schlichteren Altar und das besagte Luther-Porträt von Lucas Cranach.

Zwar gibt es einige wenige Simultan-Kirchen in Deutschland wie beispielsweise den Altenberger Dom, aber jetzt, wo allein im Bistum Essen sechzig Kirchen geschlossen werden, sollte die Augsburger Klapplehne zum Modell werden und notleidenden Gemeinden den Rücken stärken: Zusammenlegen durch Umlegen. Vielleicht gibt es eines Tages sogar eine Moscheedrale. Bei

Bedarf kippt der Schwenkboden die Bänke in den Keller, und der Gebetsteppich liegt korrekt gen Mekka.

Der Augsburger Religionsfrieden weist den Weg ins dritte Jahrtausend, erhält er doch bereits die Erkenntnis, dass die Frage nach der Wahrheit mit Gewalt nicht zu lösen ist. So ordnet er die Gesellschaft, indem die Frage nach der letzten Wahrheit ausdrücklich offengehalten wird. Die Klapplehnen von St. Anna sind im Grunde Skulpturen dieser damals bahnbrechenden Maxime. So könnten Fundamentalisten wie Joachim Meisner oder Josef Ratzinger, der jüngst bekräftigte, dass die evangelischen Religionsgemeinschaften für ihn keine Kirchen seien, bei ökumenischen Gottesdiensten in ihrer Glaubensrichtung sitzen bleiben. Meisner wird es gegen die eigene Fahrtrichtung vermutlich schlecht. Und die entsprechenden Plastikbeutel, wie man sie aus Flugzeugen kennt, verbietet vermutlich der Denkmalschutz.

Die Glaubensrichtung ist einstellbar.

Mutter sitzt katholisch,
Sohn evangelisch.

St. Anna, Fuggerstr. 8
86150 Augsburg
www.st-anna-augsburg.de

Aber nicht nur Kirchen können zwei Religionen in sich vereinen. Dies geschieht auch bei Menschen. Und daraus entsteht bisweilen eine neue. So zum Beispiel bei Karl Marx. Er war Jude und protestantisch getauft. Er und sein Freund, der Unternehmer Friedrich Engels, wurden von den Staaten, die ihre Lehren in Politik umsetzen wollten, wie Götter behandelt und so erwuchs eine neue Religion, der Marxismus.

War Marx ein Marxist?
Über den Mehrwert

Marx ist in jüngerer Zeit ja wieder in aller Munde, denn der Kapitalismus ist in der Krise. Die Banken werden verstaatlicht, demnächst gibt es den »Opel Steinbrück«, und an Russland mit Wladimir Putin und an Hessen mit Roland Koch sieht man: Wenn sich Länder bewusst gegen den Kommunismus entscheiden, werden sie am Ende von einer Arschgeige regiert.

Das kapieren inzwischen sogar schon die Politiker in NRW. Zum Beispiel Jürgen Rüttgers, die sprechende Resopalplatte aus Pulheim. Der zitierte wörtlich das Parteiprogramm der CDU von 1946: »Das kapitalistische Wirtschaftssystem ist den Lebensinteressen des deutschen Volkes nicht gerecht geworden.« Es scheint nur noch eine Frage der Zeit, bis er in Nordrhein-Westfalen die Revolution ausruft. Wie Fidel Castro. Wobei man Nordrhein-Westfalen nicht mit Kuba vergleichen kann. Kuba hat ein funktionierendes Schulsystem.

In Bonn faule Sau: Karl aus Trier

Allerdings wurden in NRW die Klassenauseinandersetzungen immer schon besonders hart geführt. Vor allem im Rheinland, wo Karl Marx ja auch studierte. Und zwar in Bonn. Marx sprach sogar ein breites Rheinisch, was übrigens nach Augenzeugenberichten seine Wirkung als Redner sehr beeinträchtigte, da viele Zuhörer bei seinen Reden auf den Tusch warteten. Ein Zeitgenosse schrieb: »Wenn Marx sagt ›Befreiung der Arbeiter‹, klingt das wie ›Befreiung der Achtblättler‹«.

Aber Marx liebte das Rheinland, und er passte zur rheinischen Lebensweise in Bonn. Jeden Abend ging er saufen, wurde wegen Trunkenheit in der Öffentlichkeit sogar eingesperrt, und bereits nach einer Woche hatte er sein gesamtes Semestergeld für Alkohol verbraten. Und so merkte er früh: Wenn man reich ist, kann man viel saufen, wenn man arm ist, wenig. Die gesellschaftliche Stellung bestimmt also, wie besoffen man werden kann. Oder wie Marx sagte: Das Sein bestimmt das Bewusstsein. Diese Erkenntnis kam ihm in Bonn in der Kneipe, wo er auch erkannte: Der Umsatz ist langfristig am größten, wenn alle mittrinken. Und wenn alle das gleiche Geld haben. Ein Gehalt für alle: Das hat sich leider nie durchgesetzt. Nicht mal in der DDR. Allerdings gibt es Firmen, die sich für diese Idee begeistern können, selbst im knallharten Kapitalismus.

Gleicher Lohn für alle

Früher sprach man in der Alternativszene von Kollektivbetrieben oder alternativer Ökonomie. Alle waren gleich oder taten jedenfalls so, Frauen und Männer waren gleichberechtigt, es gab keine Differenz zwischen Hand- und Kopfarbeit, und über Produkte, Produktionsmittel, Kunden oder Investitionen wurde kollektiv entschieden. Damals versprach man sich davon einen Impuls zur Veränderung des Kapitalismus. Man wollte den Weg zum Sozialismus quasi über den Umweg der selbstverwalteten

Wirtschaft gehen. Das nachholen, worüber sich Marx nicht so genau ausgelassen hatte.
Von alldem will Gernot Pflüger im Jahre 2009 nichts wissen, im Gegenteil, er ist der Antiideologe par excellence. Sein Unternehmen CPP in Offenbach entstand in den Achtzigerjahren als Messebaubetrieb und entwickelte sich über viele Zwischenstufen zum Allrounder im Veranstaltungsgeschäft: CPP ist Ideenschmiede und Technikexperte, konzipiert Messeauftritte ebenso wie Großveranstaltungen, plant und realisiert öffentliche Events jeder Art.
So lange in dieser sich schnell drehenden Branche zu bestehen ist an sich schon bemerkenswert. Ein weiterer Grund ist die außergewöhnliche Firmenphilosophie. Gernot Pflüger ist einer der beiden Geschäftsführer: »Mach das Unternehmen zu einer Firma, in der du selbst gerne arbeiten würdest«, nahm er sich vor. Und es scheint so, als ob das für die knapp dreißig Mitarbeiter zutrifft. Es sieht ja auch nicht schlecht aus in den ehemaligen Industriehallen im Offenbacher Gewerbegebiet. Keine separaten Räume für die Chefs, große Arbeitsräume für alle, nur getrennt nach Gewerken, eine »Relaxzone« genannte Küche mit Billardtisch und Skateboards, Technikräume, Kino und Werkstatt, sogar mit Sandsack zum Abreagieren. Das Entscheidende aber sei die Flexibilität der Hierarchie, der Arbeitsorganisation und der der Tätigkeiten. Jeder müsse mindestens zwei unterschiedliche Fertigkeiten haben, sich selber weiterqualifizieren und für jede Tätigkeit einsetzbar sein. Das sichere nicht nur größere Zufriedenheit, Identifikation mit dem Unternehmen und einen gesunden Ausgleich zwischen Leben und Arbeit, sondern garantiere auch die permanente Anpassung an die Veränderung des Marktes und der Produkte, so Pflüger. Dafür gibt es den gleichen Lohn für alle, mit Ausnahme der nach Tarif bezahlten Auszubildenden und der beiden Geschäftsführer, die ein bisschen mehr bekommen. Wie viel

mehr wird allerdings nicht verraten. Aber jeder Mitarbeiter hat Einblick in die Kassenbücher, und alle entscheiden gemeinsam über Investitionen. Jeder hat ein Vetorecht bei Einstellungen nach einer 6-monatigen Probezeit sowie bei Entlassungen. Und am Jahresende wird kollektiv über Boni abgestimmt, auch wenn es mal Mali sind, was schon vorgekommen ist. Keiner würde dafür das Wort Sozialismus verwenden, man versteht sich nicht als Gutmensch oder Idealist, und doch praktiziert man gemeinsam eine Art kategorischen Imperativ, der immerhin dazu führt, dass zumindest diese 27 Menschen zufrieden zu sein scheinen. Und auch, wenn das für manche weltfremd klingt: Gernot Pflüger ist überzeugt, dass all das auch in einem Großunternehmen mit 20000 Mitarbeitern klappen würde.

CPP Studios Produktion, Offenbach
www.cppstudios.de
Gernot Pflüger, Erfolg ohne Chef
Wie Arbeit aussieht, die sich Mitarbeiter wünschen
Econ Verlag 2009

Marx hat viel über Geld geschrieben, damit umgehen konnte er aber nicht. Sein ganzes Leben hatte er Geldsorgen, und seine Mutter schrieb ihm einmal den großen Satz: »Lieber Karl, könntest du nicht mal ein bisschen Kapital machen, statt nur drüber zu schreiben?« Marx hat zeit seines Lebens nie viel verdient und lebte fast ausschließlich von seinem Freund Friedrich Engels. Der Fabrikantensohn aus Wuppertal-Barmen schickte Marx Geld, wenn dieser blank war. Woher sich auch der Begriff »Barmer Ersatzkasse« ableitet. Marx und Engels haben sich in ihrem Leben über 4500 Briefe geschrieben.

Und in den meisten ging es um Marx' Geldprobleme. Sogar als Engels' Freundin starb, schrieb Marx sinngemäß: Das tut mir leid, Friedrich. Schade, dass nicht ihre Mutter gestorben ist, dann hättest du was geerbt. Ich bin nämlich gerade ziemlich klamm.

Aber Marx war nicht nur in Gelddingen schlunzig. Auch seine Wohnungen waren in einem schrecklichen Zustand, wie der Bericht von einem Spitzel in England belegt, der Marx' Londoner Wohnung ausspioniert hatte: »In keiner Stube ein sauberes oder anständiges Möbelstück, alles ist zerbrochen, zerschlissen, zerfetzt, fingerdicker Staub klebt darauf. Manuskripte, Bücher und Zeitungen liegen kunterbunt neben Spielzeug und Fetzen aus dem Nähkorb seiner Frau, Tassen mit zerkerbten Rändern, schmutzige Löffel, Messer, Gabeln, Lampen, ein Tintenfass, Bierseidel, Pfeifen, Asche. Alles in einem wüsten Durcheinander auf demselben Tisch. Beim Betreten des Raumes beißen Rauch und Tabakschwaden dermaßen in den Augen, dass man zuerst wie in einer Höhle vorwärtstappen muss, bis man sich daran gewöhnt hat und den ein oder anderen Gegenstand im Dunst erkennt. Aber all diese Dinge stören weder Marx noch seine Frau.«

Marx erkannte also damals schon, was jede Studenten-WG heute noch weiß: Einen Plan für die Weltrevolution machen kann jeder, aber den Putzplan einhalten: Das ist die wahre Herausforderung! Marx' Vater hat ihn dann später aus Bonn abgezogen, damit das Gesaufe und das Geschlunze aufhört, und ihn nach Berlin geschickt. Das war damals weit weg. In Berlin fühlte sich Marx aber nicht wohl. Er hasste Preußen und liebte das Rheinland, weswegen er auch zurück nach Köln kam.

Von dort wurde er aber wieder vertrieben und musste

nach London auswandern, wo er dann das »Kapital« schrieb. Neben dem »Kommunistischen Manifest« sein bedeutendstes Werk. Als Marx anfing, daran zu arbeiten, schrieb er an Engels: »Lieber Friedrich. Die Ökonomiescheiße müsste in fünf Wochen fertig sein.« Aber dann arbeitete er 16 Jahre am »Kapital«. Als er fertig war, schrieb er: »Das ›Kapital‹ wird mir nicht einmal so viel einbringen, als mich die Zigarren gekostet, die ich dabei geraucht.« Es war ein gigantischer Verkaufsflop.

Man könnte meinen, das liegt auch daran, dass man die Theorie von Marx so schwer versteht. Dabei ist die Marx'sche Theorie eigentlich weniger kompliziert als man denkt. Bei Marx geht es um den Kern der Gesellschaftsordnung. Man kann sagen: Es geht um die Wurst. Und deshalb kann man seine Ideen auch gut mit einer Leberwurst erklären. Bei Leberwurst gilt der alte Satz, den der Metzgermeister seinem Lehrling als Erstes beim Wurstmachen einbläut: »Wenn rauskommt, was da reinkommt, kommst du irgendwo rein, wo du nicht mehr rauskommst.«

Also, stellen wir uns mal vor, wir haben einen kleinen Metzger, der Leberwurst herstellt.

Für so eine Leberwurst muss er erst mal einkaufen. Und zwar das, was in einer normalen deutschen Leberwurst ist: Fett, Därme, Innereien, Schweinefleisch, Schwarten, Sehnen und zehn Prozent Leber. Mehr Leber ist da nicht drin. In Thüringern sind ja auch keine Thüringer ... außer bei den ganz billigen. Wenn der Metzger nun eine Leberwurst fabriziert hat, kann er die selbst essen, um keinen Hunger zu haben. Also gebrauchen. Das nennt Marx den **»Gebrauchswert«**. Er kann die Wurst aber auch verkaufen. Dadurch bekommt die Leberwurst einen **»Tauschwert«** und wird nach Marx zur **»Ware«**.

Das heißt: Die Wurst kostet den Metzger an Material etwa fünfzig Cent. Dazu kommen Miete für den Laden, Maschinen etc., sagen wir noch mal fünfzig Cent. Also im ganzen ein Euro. Am Ende verkauft er das Teil für fünf Euro. Für das Geld kauft sich der Metzger Dinge, die er selbst braucht. Zum Beispiel einen neuen Kühlschrank. Oder eine Wurst bei einem anderen Metzger, die nicht so eklig ist wie seine eigene. So funktionierte über Jahrhunderte der normale Wirtschaftsverkehr im Frühkapitalismus. Ware gegen Geld, für das man dann Waren kauft. Also:

Ware – Geld – Ware

Oder in unserem Fall:

Wurst – Geld – Wurst

Im ausgeprägten Kapitalismus – sagt Marx – ist das nun aber anders. Da steht am Anfang nicht die Wurst, sondern das Kapital.

Ein Unternehmer hat Geld. Er braucht aber nichts zu kaufen, das einen Gebrauchswert hat, weil er schon alles besitzt, was der Mensch braucht.

Nur eins nicht: mehr Geld. Der Kapitalist setzt nach Marx Kapital ein, um noch mehr Kapital zu erzeugen.

Also kauft er zum Beispiel eine Wurstfabrik und stellt Leberwürste her. Auch wenn ihn Würste gar nicht interessieren. So wie Uli Hoeneß, der eine Wurstfabrik besitzt. Dem sind Würste total egal. Der ist eigentlich für Fußballer zuständig. Und zwischen Würsten und Fußballern gibt es keine Berührungspunkte. Würste enthalten zum Beispiel oft Gehirn.

Aber der Hoeneß stellt Wurst her, um Geld zu verdienen. Das heißt, im Kapitalismus lautet die Formel:

Geld – Ware – Geld

Oder:

Geld – Wurst – Geld

Den Gewinn, den der Kapitalist macht, nachdem er die Kosten für Material und Arbeiter abgezogen hat, nennt Marx den »**Mehrwert**«. Weil die Wurst jetzt mehr wert ist.

Den Mehrwert investiert er wieder, um noch größere Fabriken zu bauen und noch mehr Mehrwert zu bekommen.

Nun ist die Frage: Wie entsteht der Mehrwert? Da sagt Marx: durch Arbeit. Die Wurst kann man ja nur teurer verkaufen, weil sie jemand hergestellt hat. Und zwar die Arbeiter, die ihre Arbeitskraft verwursten.

Um den Mehrwert möglichst hoch zu halten, muss der Kapitalist die Kosten für die Arbeit senken. Und deshalb drückt er die Löhne oder geht ins Ausland. Marx hat also die Globalisierung vorausgesehen. Er schreibt: »Das Bedürfnis nach einem stets ausgedehnteren Absatz für ihre Produkte jagt die Bourgeoisie über die ganze Erdkugel. Überall muss sie sich einnisten, überall anbauen, überall Verbindungen herstellen.« So ist es ja auch gekommen. Nokia war früher in Bochum. Jetzt sind die in Rumänien. Wobei das nur daran liegt, dass Nokia eine finnische Firma ist. Da sind die Schulen zu gut. Wenn die Manager in Nordrhein-Westfalen Abitur gemacht hätten, wüssten sie gar nicht, wo Rumänien liegt.

Nach Marx wird im Kapitalismus alles zur Ware. Auch die Arbeit selbst. Ebenso wie Rohstoffe, Wasser, Gülle. Dies erkennt man auch an den skandalösen Dingen, zu denen sich viele deutsche Städte im Rahmen der Globalisierung haben hinreißen lassen. Recklinghausen hat zum Beispiel seine Abwasserentsorgung nach Amerika verkauft. Das nennt man Cross-Border-Leasing. Den Amis gehört das Abwasser von Recklinghausen. Was glauben Sie, wie Coca-Cola entstanden ist? Genau so funktioniert nach Marx der Kapitalismus: immer neue Märkte finden. Aber er war sich sicher: Irgendwann bricht der Kapitalismus zusammen. Die Arbeiter übernehmen die Produktion, die Sklaverei hat ein Ende. Leider hat das in der Praxis bislang nicht so richtig funktioniert.

Gelsenkirchener Genossen

Stefan Engel ist ein gemütlicher Mensch und macht einen gut gelaunten, aber auch listigen Eindruck. Er ist kaum bekannt, obwohl er neben Merkel, Müntefering, Bisky oder Seehofer zu den wenigen Deutschen gehört, die als Beruf »Parteivorsitzender« angeben können. Seine Partei ist die »Marxistisch-Leninistische Partei Deutschlands« (MLPD), die aus einem ganzen Konsortium marxistischer Gruppen in den Siebzigerjahren hervorgegangen ist. 1982 gegründet, in Gelsenkirchen ansässig und von Anfang an mit Stefan Engel an der Spitze, oder in Parteichinesisch: als Vorsitzender des Zentralkomitees. Chinesisch ist nicht ganz falsch, denn unter den Parteiheiligen finden sich nicht nur die üblichen Marx, Engels und Lenin, sondern auch Mao Tse-Tung und – ziemlich gewöhnungsbedürftig – auch Josef Stalin.

Stefan Engel hat auch eine eigene Homepage, die von den Kinderbildern des fränkischen Arbeitersohns bis zum Zentralkomitee alles auflistet, was der »Kumpel und Haudegen« so zu bieten hat. Man erfährt auch von seiner »Achillesferse«, denn Stefan »liebt das Essen und Kochen«. Nur leider fehlen die entsprechenden Kochrezepte.

Das Kürzel seiner Partei, MLPD, taucht hin und wieder bei Wahlen auf, bisweilen bekommt man auch ein Flugblatt in die Hand gedrückt, am ausführlichsten aber informiert das Internet. Auf der Homepage der Partei findet man Kommentare zur aktuellen Krise neben einem Aufruf zur »Wahl des schönsten Aufklebers«, die Lehren aus der Sowjetunion – man lernt unter anderem, dass nur bis zu Stalins Tod »von der Sowjetunion zu lernen« ist – neben dem Organisationsstatut der Partei. Schon die Tatsache, dass dreimal so viel Platz der Frage nach Kritik und Selbstkritik, den Disziplinarstrafen sowie dem Ausschluss aus der MLPD gewidmet ist, stimmt nachdenklich. Ganz bizarr wird es aber bei den Richtlinien für die Tätigkeit der Kontrollkommissionen sowie dem Thema »Wiederaufnahme Ausgeschlossener«. Dieser Marxismus macht lustlos.

Ein Besuch der Parteizentrale in Gelsenkirchen ist trotzdem interessant. Früher beherbergte der großzügige, über eine ganze Straßenecke verteilte Komplex aus den Sechzigerjahren die Stadtsparkasse. Mittels einer listigen Transaktion und mithilfe eines holländischen Immobilienspekulanten kam die Partei gegen den Widerstand der örtlichen Politik in den Besitz des Gebäudes, das mitten im proletarischen Gelsenkirchener Norden liegt. Und sie zieht, wie Engel versichert, hier auch nicht mehr aus. Ein gutes Dutzend Menschen arbeitet in diesem Bau, großzügig führt der Vorsitzende die Jugend- und Studentenabteilung vor, erwähnt kurz die Betriebskollegen und die Frauen und zeigt nebenan ein kleines Museum, das an einen generösen Genossen erinnert, der sein gesamtes Vermögen und Erbe der Partei vermacht hat. Und alle arbeiten hier zu einem Einheitsgehalt von wenig über 1000 Euro. Auch Stefan Engel, der im Büro des vormaligen Sparkassenchefs residiert. Dunkles Holz, Einbauschränke, schwere Sessel, nur eine kleine Leninbüste zeugt vom Wechsel. Irgendwie passt die Ausstattung sowohl zum ehemaligen als auch zum jetzigen Besitzer: zum verschwiegenen Geld und zur klandestinen Partei.

Natürlich habe die MLPD Hunderte Ortsgruppen und Tausende Mitglieder, sagt Engel, aber Genaues erfährt man nicht, immerhin ist ja ständig der Verfassungsschutz mit an Bord. Wenigstens heimlich.

Im Erdgeschoss haben die Genossen einen großen Kultursaal eingerichtet, der als Bürgerzentrum auch den umliegenden Vereinen zur Verfügung steht, mittags gibt es hier aus einer AWO-Küche warmes Essen. Im Nebengebäude, das die Partei ebenfalls erworben hat, residierte früher die Polizei, aber die mochte nicht mit den Kommunisten unter einem Dach sein. Inzwischen sind die Büros und Wohnungen vermietet, und mit diesen Einnahmen wird die Parteizentrale quasi finanziert. Von Marx lernen heißt manchmal auch lernen, mit Geld umzugehen.

Marxistisch-Leninistische Partei
Zentralkomitee der MLPD
Gelsenkirchen, Schmalhorststr. 1c
Ö: Mo-Fr 6.30-21.30, Sa 6.30-14 Uhr
Tel. 0209 / 951940

Das Problem beim Marxismus war immer: Wenn man versucht hat, ihn in die Praxis umzusetzen, ist es in die Hose gegangen. Zum Beispiel in der DDR. Wenn Marx gewusst hätte, dass das Ergebnis seiner Ideen mal Egon Krenz sein würde, wäre er wahrscheinlich lieber in den Unternehmerverband eingetreten. Marx wollte auch nie, dass seine Ideen eine Doktrin werden. Schon als sich zu seinen Lebzeiten erste marxistische Gruppen bildeten, sagte Marx: »Da mach ich nicht mit. Ich bin kein Marxist.«

Wobei die DDR ja vor allem an der Planwirtschaft gescheitert ist. Geld war da. Sogar mit Karl Marx drauf. Aber es gab keine Waren. In den Metzgereien musste zum Beispiel immer mindestens eine Leberwurst liegen, weil die Leute sonst angefangen hätten, sich für die Kacheln anzustellen. Und deshalb kam es wieder zum Tauschhandel. Wenn es in der DDR zum Beispiel Klos gab, wurden die gekauft. Auch wenn man schon eins hatte. Weil man für die Klos im Tauschhandel vielleicht Wagenheber kriegte und für die Wagenheber Wurst.

Das heißt, in der DDR galt die Formel:

Ware – Ware – Ware

Oder:

WC – Wagenheber – Wurst

Die Planwirtschaft funktionierte nicht, weil es kaum freien Handel gab. Deshalb schielten ja auch alle in den Westen. Nach dem internen DDR-Motto: »Wo ein Genosse ist, ist die Partei. Wo zwei Genossen sind, ist ein Intershop!«

Es war in der DDR wie in der Bundesrepublik: Für Westgeld bekam man alles.

Und für die, die kein Westgeld hatten, war alles knapp. Dies ist ja auch der Grund für die weite Verbreitung der Freikörperkultur in Ostdeutschland: Knappheit bei Textilien. Da war so mancher zwangsläufig nackt. Das waren Verhältnisse wie bei Adam und Eva. Die Nackten an den ostdeutschen Stränden waren sozusagen auf dem Weg zu einem paradiesischen Sein. Schließlich ist das Nacktsein der Normalzustand des Menschen.

Hose runter!
Über die Nackten

Der Mensch ist das einzige höher entwickelte Säugetier neben dem Wal, das keine Haare hat. Obwohl das in seiner Geschichte bekanntlich nicht immer so war. Es gab zunächst den Urmenschen. Wie den Australopithecus.

Der war noch stark behaart. Und zwar überall. Und aus ihm entwickelten sich dann zwei Linien: Der Homo sapiens ohne Fell. Und der Homo sapiens mit Fell. Der sogenannte Homo Thierse.

Australopithecus: Südaffe

Homo Thierse

Von dem gibt es nur noch ein Exemplar fernab jeder Zivilisation, also in Berlin, wo er in einer vom Aussterben bedrohten Gemeinschaft namens SPD lebt.

Die Wissenschaft rätselt seit Langem, warum der Mensch sein Fell verloren hat und nackt ist. Es gibt verschiedene Theorien: Die einen sagen, es liege an der Entdeckung des Feuers. Der Urmensch sei so strunzdoof gewesen, dass er das Feuer nicht bändigen konnte und sich das Fell beim Grillen einfach weggeflämmt habe. Kann sein.

Eine andere Theorie geht davon aus, dass die Nacktheit von Vorteil war, als der Urmensch Beute verfolgte. Der nackte Körper hat einen besseren Wärmeausgleich. Nackte können länger und schneller laufen, was man an den Flitzern in den Fußballstadien gut beobachten kann.

Eins ist aber wissenschaftlich erwiesen: Der Verlust der Haare ist für den aufrechten Gang verantwortlich. Denn bei den Urmenschen krallten sich die kleinen Kinder am Fell der Eltern fest. Weshalb man auch heute noch sagt: »Ich hab ein Kind am Hals.« Als das Fell dann weg war, musste man die Kinder festhalten oder anders versorgen, damit sie nicht auf die Straße liefen. Dafür brauchte man freie Hände. Also im Grunde, damit man den Kindern eins hinter die Löffel geben konnte. Und deshalb entschlossen sich die Menschen, aufrecht zu gehen. Und nackt.

Nacktheit war nicht mit Tabus belegt.

Ein Zustand, der geschichtlich lange anhielt. Zum Beispiel im antiken Griechenland. Wir kennen zwar alle die

Brauchen Sportler Hosen?
Flitzer im Stadion

Bilder der griechischen Philosophen mit ihren prunkvollen Gewändern. Aber dennoch spielte die Nacktheit in der Antike eine große Rolle. Vor allem beim Sport. Bei den antiken olympischen Spielen zum Beispiel waren die Sportler meistens komplett nackt und ohne Hose aktiv. Ein Verhalten, das wir im deutschen Sport eigentlich nur noch von Franz Beckenbauer und Boris Becker kennen.

Im antiken Griechenland traf man sich beim Kampfsport auf dem Sportplatz, der »Gymnasium« hieß. Das kommt von »gymnos«, nackt. Nicht zu verwechseln mit »gyros«, das heißt »fettig«. Obwohl die beiden Begriffe zusammenhängen. Denn die griechischen Athleten rieben sich vor allem beim Ringen mit Öl ein, um schlechter zu fassen zu sein. Es traten also eingeölte dicke Männer gegeneinander an. Fleischberge, eingelegt in Öl. Eine Tradition, aus der dann die heutige griechische Küche entstanden ist.

Wobei die Griechen nicht nur nackte Sportler, sondern auch nackte Götter hatten, was man noch heute an der Kunst sehen kann. Allerdings fehlt denen heute oft ein ganz entscheidendes Teil.

Nackte Römer

Eine Glyptothek ist eine Skulpturensammlung, vornehmlich aus der römischen und griechischen Welt, um sich die Schönheiten der antiken Figuren vor Augen zu führen. Rom, Neapel, Paris, London oder Petersburg – die schönsten Sammlungen finden wir an den vormaligen Herrscherhöfen. Die Figuren waren natürlich nackt, so wie die Griechen und Römer sich ihre Götter,

Helden und Sportler eben wünschten, die Stars der Antike. Eine Gypsothek ist ebenfalls eine Skulpturensammlung, aber aus Gips, daher der Name. Alle, die sich bei der Beutekunst originaler Objekte aus der Antike nicht bedienen konnten, die Nackten aber auch bewundern wollten, mussten sich mit Abgüssen aus Gips zufriedengeben.
Wie die Bonner, die 1820 mit der neuen Universität auch gleich eine solche Gipssammlung erhielten. Ihr schöner Name lautet »Akademisches Kunstmuseum«. Es residiert in einem prächtigen Schinkel-Bau am Ende der Hofgartenwiesen gegenüber dem Hauptgebäude der Universität. Zahllose Nackte bevölkern die weiten Säle und lichten Flure, Götter und Göttinnen, Heroen, Sportler, Nymphen und was die Antike eben alles zu bieten hat. Fast alle nackt, die Brust, der Rücken, das Gesicht, die Arme aktiv erhoben und die wunderbar ebenmäßigen Glieder – alles ist zu bewundern, aber ein Glied fehlt in aller Regel: das entscheidende bei den Männern. Es fehlt nicht nur in Bonn, auch die Originale haben das Glied nicht an Ort und Stelle, zum Beispiel in den Vatikanischen Sammlungen, aus denen viele Gypsos stammen und die sich damit ein schönes Zubrot verdienen, wenn sie nach Katalog ihre Abgüsse in alle Welt verkaufen.

Auf Gliedersuche: Martin Stankowski in der Gypsothek

So wie an eine neue Universitätssammlung im amerikanischen Princeton, die in Rom zwei Dutzend Nackte bestellt hatte. Sie kamen auch pünktlich und ordentlich, mit Rechnung und per Schiffstransport. Aber als sie von der berühmten Kunsthistorikerin Margarete Bieber ausgepackt wurden, stellte sie mit Erstaunen fest: Hier fehlen ja die Glieder. Sie reklamierte beim Lieferanten, und es dauerte einige Zeit, aber dann wurden diese nachgeliefert. Die vatikanischen Custoden hatten zwar im 16. Jahrhundert die Glieder auf Befehl des Feigenblatt-Papstes Paul IV. entfernt, aber die Extremitäten immerhin nicht abgeschlagen, sondern fachmännisch abgesägt und dann ordentlich in ihren Depots verwahrt. Seit fast 300 Jahren und bis heute: männliche Glieder im vatikanischen Geheimdepot. Abgüsse auf Bestellung. Das Problem der Nachlieferung allerdings: Sie hatten sie nicht gekennzeichnet. So regulierte die 77-jährige Dame in Princeton die Zuordnung nach Augenschein. Margarete Bieber versuchte, die Pimmel perfekt und passgenau zu positionieren. Soll gelungen sein.

Akademisches Kunstmuseum, Bonn
Am Hofgarten 21,
Ö: Di + Do 16-18 Uhr
So 11-16 Uhr / August geschlossen
www.antikensammlung.uni-bonn.de

Der lockere Umgang mit der Nacktheit in der Antike fand ein jähes Ende mit dem Aufstieg des Christentums. Seit ihrer Gründung führte die Kirche einen erbitterten Kampf gegen alles Nackte. Und das, obwohl die ersten Menschen auch nackt waren.

Wir sehen Adam und Eva nackt im Paradies. Es geht ihnen gut. Kain und Abel sind in der Kinderkrippe oder bei Opa. Adam ist bei der Gartenarbeit, und was Eva ge-

Was hat Eva mit Adam vor?
Paradiesdarstellung von Michelangelo

rade vorhat, lassen wir lieber unkommentiert. Jedenfalls bekommt sie von der Schlange einen Apfel angeboten, greift zu. Und zack ist es passiert: Sie gewinnen Erkenntnis, werden aus dem Paradies vertrieben und müssen ab sofort Klamotten tragen. Das war die Strafe Gottes für den Sündenfall. Der Mensch im Zustand der Schuld hat

die paradiesische Nacktheit verloren. Und deshalb kämpfte die Kirche auch stets gegen alles Nackte an. Zum Beispiel wurde in Flensburg schon im Jahr 1295 ein Gesetz erlassen, mit dem das gemeinsame Bad und der öffentliche Sex von Männern und Frauen verboten wurden. Woraus sich dann auch die Verkehrssünderkartei ableitete. Dazu wurden auch die Nackten in der Öffentlichkeit bekämpft. Wie zum Beispiel die Geißler. Die Geißler gehörten zum Straßenbild im Mittelalter. Anders als heute. Da gehören sie zum festen Bühnenbild bei Maischberger und Anne Will.

Die Geißler liefen damals nackt durch die Städte und schlugen sich selbst, um Buße für die Sünden der Menschheit zu tun. Hier war also die Nacktheit Ausdruck einer Strafe, weshalb auch der Teufel als einer der wenigen in den Kirchen nackt dargestellt werden durfte.

Der nackte Vogt in Sinzig

Es ist immer wieder eindrucksvoll, am Rhein auf die jähe Abwechslung von Schönheit und Scheußlichkeit der Dörfer und Städte, ihrer Promenaden und Plätze bzw. ihrer alten und vor allem neuen Bauten zu treffen. Sinzig ist so ein Beispiel, egal ob man von Norden her aus Remagen oder vom südlichen Bad Breisig kommt und die dortigen Hässlichkeiten noch gar nicht verdaut hat, um dann auf die ungewöhnliche Schönheit Sinzigs zu stoßen. Man kann dort südländische Impressionen erleben, wird an eine italienische Kleinstadt erinnert, mit dem geschlossenen Marktplatzensemble, der farbenfrohen Petrikirche und ihrer beschwingt stimmenden Architektur. Schon die Kelten haben auf einem Hügel hochwasserfrei gesiedelt, davor das fruchtbare Schwemmland des Rheins in der sogenannten Goldenen Meile. Natürlich haben sich die Römer hier niedergelassen, später war es ein fränkischer Königshof und schließlich wurde Sinzig Sitz einer kaiserlichen Pfalz. Vor allem Friedrich Barbarossa scheint es dort gut gefallen zu haben, er kam öfter vorbei, man hat ihm im 19. Jahrhundert ein eigenes Denkmal errichtet und vermarktet sich heute stolz als »Barbarossastadt«. Aber neben aller historischen Bedeutung ist der Ort auch kitschfrei restauriert und wirkt weder aufgehübscht noch vernachlässigt. Sinzig hat sich auch nicht, wie manche andere Nachbarstädte, völlig dem launischen Tourismus unterworfen, und man spürt, dass die Menschen hier gern leben, sieht es an den Geschäften, Cafés und Büros, wenn man in den Straßen herumschlendert.

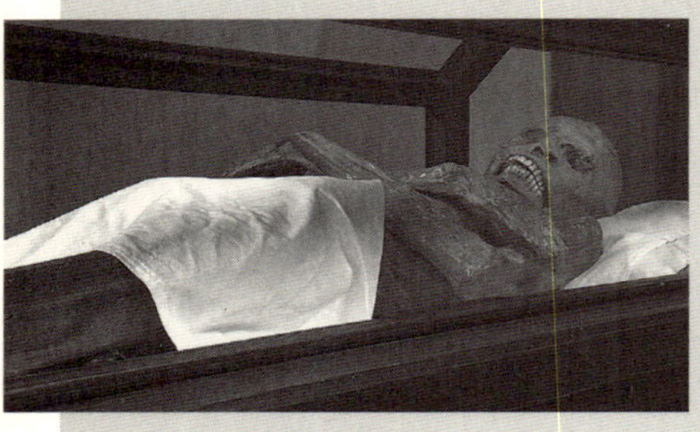

In Sinzig erlaubt: nackt in der Kirche

Die Kirche St. Peter gilt seit Langem als ein Juwel der Spätromanik, ist vielleicht einer der schönsten Kirchbauten im mittleren Rheinland. Nach der gelungenen Restaurierung wirkt der proportionierte Bau in seiner leuchtenden Farbigkeit, wie er wahrscheinlich auch im 13. Jahrhundert ausgesehen haben mag. Das Rot-Braun der Friese, Bogen und Nischen kontrastiert reizvoll mit dem weißen Grundanstrich. Aber auch die Umgebung ist stilgerecht: mit dem von einem Privatmann vor dem Abriss geretteten und ausgezeichnet wieder hergerichteten Zehnthof, den weiten Parks an der Flanke, dem maßstäblichen Platz und seiner Randbebauung und dem Rathaus davor. St. Peter beherbergt heute noch Originalfresken aus der Entstehungszeit und birgt eine Fülle wichtiger und sehenswerter Kunstwerke aller Epochen.

Fasziniert ist man aber vor allem vom »Heiligen Vogt«, einem vollständig mumifizierten Leichnam, der in einem Glassarg in einer Seitenkapelle ausgestellt ist, nackt und ledern die verschrumpelte Haut, wobei nur sein Geschlecht schamhaft von einem Lendentuch verdeckt ist. Die Heimathistoriker sagen, es handele sich um den am 7. März 1691 verstorbenen Amtsvogt Wilhelm von Holbach, dessen Leiche dank mineralischer Einwirkungen unverwest geblieben und bei einem Unwetter aus seiner Gruft geschwemmt worden sei. Die Sinziger haben diesen Heiligen Vogt früher wohl beim Karnevalsumzug mitgenommen oder auch schon mal einer als geizig verschrienen Frau vor die Tür gelegt, aber die Empörung war erst groß, als die Franzosen die Mumie 1797 nach Paris verschleppten. 1815 kehrte sie an den Rhein zurück und wird heute in ihrem Glassarg von allen Seiten sichtbar präsentiert.

Kirche St. Peter, Sinzig
Kirchplatz
www.kath-kirche-sinzig.org

Allerdings gab es auch eine Zeit, in der Nackte in der Kirche sogar sehr in Mode waren. Und zwar in der Renaissance. Zum Beispiel bei Michelangelo. Als Maler interessierte ihn die menschliche und vor allem die männliche Anatomie, denn die Renaissance und der Humanismus stellten den Menschen in den Mittelpunkt der Welt. Er

Unbekannte Bibelhelden: Michelangelos Gott ohne Hose

war nicht mehr nur Rädchen in Gottes Getriebe, sondern ein starkes Individuum. Und das wollte Michelangelo in seinen Werken zeigen. Was dazu führte, dass auch die biblischen Figuren auf einmal nackt waren. So malte er beispielsweise für die Sixtinische Kapelle den Hintern von Gott. Das müssen Sie sich mal vorstellen!

Gott, der Schöpfer der Welt, zeigt sich von hinten. Wir sehen sozusagen den Arsch der Welt. In der Sixtinischen Kapelle! Dabei hätte man den eher irgendwo in der Eifel vermutet.

Michelangelo schuf sogar einen nackten Jesus. Die Statue »Christus der Erlöser« in der römischen Basilika Santa Maria sopra Minerva.

Hier war Jesus zunächst komplett nackt. Und das machte auch Sinn. Denn wahrscheinlich wurde er tatsächlich nackt gekreuzigt. Aber das ging der Kirche künstlerisch zu weit, und ihm wurde später ein ziemlich seltsames Tuch angezogen.

Arm, aber betucht: Jesus in Santa Maria sopra Minerva

Genauso ging es dem berühmten nackten Christus von Cellini, einem guten Freund von Michelangelo.

Dieser einzigartige Jesus wurde im 16. Jahrhundert für den Herzog von Florenz gemeißelt. Der schenkte ihn dann dem sittenstrengen Philipp von Spanien. Dem fiel aber vor Schreck fast die Paella aus dem Mund, als er die Statue sah. Und deshalb hat der Jesus seitdem ein Kopftuch um die Hüfte und wird heute noch so im Escorial ausgestellt. Und so wie dem nackten Jesus ging es auch anderen Kunstwerken. Vor allem nach der Renaissance. Da wurde übermalt, überdeckt, abgehängt. Dabei tat sich besonders Papst Paul IV. im 16. Jahrhundert hervor. Der gilt als der »Unterhosenmann« der Kunstgeschichte. Der ließ alles übermalen, was ihm unzüchtig erschien.

Eine Haltung, die dann später in der Prüderie des 18. und 19. Jahrhunderts ihren Höhepunkt fand. Man badete nur noch im Badekleid, trug hochgeschlossene Kleidung, und es ging so weit, dass Marie-Antoinette noch auf dem Weg zur Guillotine darauf bestand, ein Halstuch zu tragen, damit ihr keiner ins Dekolleté gucken konnte, wenn der Kopf

Richtig

Falsch

Wegen Schamhaar mit dem Tode bedroht: Maja von Goya

ab war. Das Ganze kann man auch in der Kunst gut beobachten.

Zum Beispiel malte Goya seine berühmte Maja. Eins der wenigen Nacktbilder der Zeit nach der Renaissance und das erste Bild in der europäischen Geschichte, auf dem Schamhaare zu sehen sind.

Dafür musste er sich vor der Inquisition verantworten und wurde genauso wie sein Modell mit dem Tod bedroht.

Ingres: Pauschalurlaub

Dies änderte sich erst nach und nach. Erst im Laufe des 19. und frühen 20. Jahrhundert wurde in der Kunst mehr Nacktheit möglich. Wie zum Beispiel bei Ingres. In seinem Werk »Pauschalurlaub in Antalya«.

Picasso: Wo bleibt Beckenbauer?

Oder bei Picasso. »Weihnachtsfeier beim FC Bayern«.

Die Kunst begleitete eine Lockerung der Sitten in der ganzen Gesellschaft. Zum Beispiel durch das Entstehen der FKK-Bewegung: Ab den Zwanzigerjahren trafen sich immer mehr Menschen nackt zum sogenannten Lichtbaden, wo man nicht nur die Seele baumeln ließ.

Nackt zu Pferde

18800 Treffer erzielt man bei Google, wenn man nach dem Stichwort »Nacktwandern« sucht. Und man findet immerhin noch über 6700 »Nacktreiter« in der Suchmaschine. Das sind mehrere Bataillone, und insofern ist es völlig falsch, von einer heimlichen Minderheit zu sprechen, die ohne Textilien die deutschen Wälder durchstreift oder durchreitet. Im Gegenteil, die Nacktwanderer und Nacktreiter sind die Aktivisten der FKK-Szene, die Avantgarde, quasi die Speerspitze, nachdem der Kult der Kleiderlosen mit der Wiedervereinigung aus der vormaligen DDR massenhaft in die alten Bundesländer geschwappt ist. Es begann exakt am Brandenburger Tor im Jahre 2001 mit einer Demo von ein paar nackten Wanderfreunden, und inzwischen gibt es zahlreiche Foren im Netz mit Angaben über Wanderrouten und Wochenendtreffs, Bundesnackttreffen oder Berichten und Bildern von nackten Stunden im Grünen. Den Verzicht auf Kleidung erklären die Nackten selbst mit einem romantischen Naturverständnis und der Liebe zu Wind, Sonne und Temperatur auf der blanken Haut. Für den Ernstfall wird allerdings vorgesorgt. Drei Dinge werden für das Notfallpaket empfohlen: ein Schlüpfer, fünfzig Euro und der Perso.

Nun sind die Naturisten zwar ohne Kleider, aber nicht ohne Mitmenschen. So einsam die Waldwege auch sein mögen, der eine oder andere Förster, Jäger oder Pilzsammler wird sie doch mit Erstaunen registrieren. Steigern lässt sich das Erstaunen noch, wenn der oder häufig die Nackte auf einem Pferd daherkommt. Aber – so betont der rheinische Nacktreiter Michael Zauels auf seiner Homepage – die Menschen seien »noch nicht einmal überrascht«, sondern »fast immer wohlwollend und freundlich, so als wären wir ›normal‹ bekleidet«. Da muss er allerdings einem Blinden-Wanderverein begegnet sein.

Nun sind öffentliche Nackte hierzulande auch nicht verboten.

Lediglich die »exhibitionistische Handlung« wird nach § 183 Strafgesetzbuch belangt, allerdings wörtlich nur beim »Mann«. Weshalb der Nacktreiter Zauels im Umkehrschluss auch immer eine Frau dabei hat, was – wie er schreibt – »gegen jede exhibitionistische Anwandlung spricht«.
Der Absatz a dieses Paragrafen verbietet allerdings »öffentlich sexuelle Handlungen«, doch das weisen die Naturisten selbst sowieso empört zurück: Ihr Nacktsein, gleich ob auf dem Rücken der Pferde oder auf Schusters Rappen, habe nichts mit Sex zu tun. (Wobei die Metapher mit Schusters Rappen auch nur eingeschränkt gilt, ist es doch die Steigerungsform des Nacktwanderns, ohne Schuhwerk unterwegs zu sein.)

Ohne Sattel: Nacktreiten

Neugierige Zeitgenossen, die auf dem Wege der teilnehmenden Beobachtung an nackten Gruppenwanderungen in der Eifel teilnahmen, stellten mit Erstaunen fest, dass diese Leute keine Spinner sind. Im Gegenteil: Angezogen zählen sie fast alle zu den Stützen der Gesellschaft. Außerdem legen sie Wert auf die kulturelle Tiefe ihres Tuns.
Als Ahnen dienen nicht nur die Lebensreformer der Jugendbewegung zu Anfang des 20. Jahrhunderts, vom alten und nackten Griechenland bis Goethe finden sie Quellen begeis-

terter Vorfahren. Dieser berichtet in »Dichtung und Wahrheit«: »Ganz nackt schritt ich nun gravitätisch zwischen diesen willkommnen Gewässern einher ...«

Nacktreiten am Rhein
www.fkk-reiten.de

Stellen wir uns einmal vor, unsere Kulturgeschichte hätte sich anders entwickelt. Nicht die Prüderie des katholischen Klerus hätte sich durchgesetzt, die Körperlichkeit und Sex mit dem Stigma der Sünde versah und in die Nähe des Satans rückte, sondern eine andere religiöse Strömung, die das Essen verteufeln würde. Nacktheit und sogar Sex in der Öffentlichkeit wären völlig alltäglich, aber gegessen würde nur heimlich unter der Bettdecke, möglichst im Dunkeln. Nun wird man sagen, so ein Quatsch würde sich niemals durchsetzen, ohne Essen würden die Menschen aussterben. Richtig, aber ohne Sex auch! Und tatsächlich, auch wenn wir sie durch Gewohnheit kaum wahrnehmen, gibt es sie in Hülle und Fülle, die Tabus beim Essen.

Pferd ist lecker, außer der Sattel

Über Tabus beim Essen

Made in Holland: Madenlollie

Die beiden entscheidenden Aufgaben, die uns die Schöpfung mitgegeben hat, sind Selbsterhaltung und Arterhaltung. Also Essen und Sex. Und während sich die Völker der Erde beim Sex relativ einig sind, wie der vonstattenzugehen hat, gibt es beim Essen doch erhebliche Unterschiede. In einem holländischen Internet-Versand kann man Lollies mit eingegossenen Maden und Skorpionen sowie Packungen mit frittierten Heuschrecken entdecken. Als leckere Snacks für den Fernsehabend!

Im ersten Moment denkt man: Igitt! Aber bald kommt die Erkenntnis: Viel ekliger als die anderen Sachen, die in Holland frittiert werden, ist das eigentlich auch nicht. Ob die Maden jetzt im Lolly stecken oder zerkleinert als »Bitterballen« angeboten werden: Was macht den Unterschied? Außerdem gibt es biologisch keinen Grund, auf Maden und Heuschrecken als Nahrungsmittel zu verzichten. Denn die Natur kennt ja bekanntlich drei Arten von Essern:

Die Pflanzenfresser

Die Fleischfresser

Die Allesfresser

Die nennt man wissenschaftlich »Omnivoren« oder »Homo Calli«. Und dazu gehört auch der Mensch. Wir können alles zu uns nehmen. Dennoch finden manche Völker Nahrungsmittel lecker, die andere widerlich finden. Und umgekehrt. Wir essen zum Beispiel gerne Schwein, die Moslems und die Juden finden das fies. Wir essen Kuh, was die Hindus als abstoßend empfinden, und die Thailänder essen Spinnen, was wiederum uns zum Würgen reizt.

Wir finden es ekelhaft, einen Hund zu essen, aber andere eklige Gerichte sind in unserer Kultur absolut normal. Wenn man sich nur mal vorstellt, in was allein die Franzosen alles freiwillig reinbeißen:

in Froschschenkel,

in Austern,

in Menschen.

Die sind vor gar nichts fies und damit eigentlich normal. Denn schon die Urmenschen aßen einfach alles, was sie finden konnten: Mammuts, Schaben, Fliegen, Schlangen, Nachbarn – Hauptsache Fleisch. Schließlich brauchte der Urmensch Fleisch, um sein Gehirn zu vergrößern, so eine bekannte anthropologische Theorie zur Entstehung der menschlichen Intelligenz. Fleisch ist bekanntlich der beste Energielieferant für den Körper: Lebewesen, die viel Fleisch essen, benötigen ein kleineres Verdauungssystem als Pflanzenfresser; statt zu verdauen, können sie ihre Energie für das Gehirn verwenden. Das heißt: Lebewesen, die viel Fleisch essen, sind klüger als andere. Wobei jeder, der mal länger in Bayern gelebt hat, weiß: Diese Theorie stimmt so nicht.

Sicher ist nur, dass der Urmensch viel Fleisch gegessen hat. Und zwar zunächst roh, bis er dann das Feuer und das Grillen erfunden hat. Spuren von prähistorischen Grillstellen finden sich überall in Deutschland.

Parallel zum Fleisch aßen die Urmenschen aber auch viele andere Lebensmittel, die wir angewidert wegwerfen würden. Zum Beispiel verschimmeltes und vergorenes Getreide, wodurch ja, wie schon berichtet, im Vorderen Orient das Bierbrauen erfunden wurde.

Man muss sich die Urzeit also so vorstellen: In Deutschland wurde gegrillt, aber das Bier zur Wurst gab es nur im Orient. Man musste also zum Türken, ein Fässchen holen. Aus diesem Grund bewegten sich die Völker aufeinander zu, wodurch es zur Völkerwanderung kam und zum Lied »Die Karawane zieht weiter, der Sultan hätt Doosch.« Um schneller zum Bier zu kommen, hat der Urmensch sogar noch das Rad erfunden, weshalb Bier auch heute noch oft radförmig serviert wird.

Nächste Runde: Bier im Kranz

Aber zurück zum Essen: Nicht nur die Urmenschen haben Dinge gegessen, die wir heute eklig finden. Auch die Griechen und Römer, bei denen zum Beispiel Insekten auf der Speisekarte standen. Aristoteles schwärmte von Zikaden als besonderer Delikatesse. Gut, warum auch nicht? Insekten sind durchaus gesund. Ein Pfund Maden ist nahrhafter als ein Pfund Wurst. Weswegen viele deutsche Metzger in letzter Zeit verstärkt Maden in ihre Wurst einarbeiten. Man erinnert sich an die Zustände in bayerischen Kühlhäusern, wo die »Auferstehung des Fleisches« jahrelang wörtlich verstanden wurde.

Wobei die Verbindung von Fleisch und Religion in unseren Breiten ohnehin immer eine große Rolle spielte. Spätestens seit dem Mittelalter nahm die Kirche Einfluss auf unsere Essensgewohnheiten. Sie lehnte zum Beispiel das Schlemmen ab, die Völlerei, lateinisch »gula«, ist eine der sieben Todsünden. Denn nach Ansicht der Kirche sollte der Mensch nicht genießen, sondern büßen und sich mäßigen.

Und diese Mäßigung begründete die Kirche mit der Medizin. Allerdings nicht mit der heutigen, die uns jeden Tag hundert neue Diäten und Wellness-Tipps beschert, sondern mit der mittelalterlichen Heilkunst. Diese beruhte auf der sogenannten Vier-Säfte-Lehre, die bereits in der Antike entwickelt wurde: Man ging davon aus, dass der Mensch ein von Bahnen durchzogener Organismus ist und dass durch diese Bahnen vier Körpersäfte fließen, mit unterschiedlichen Eigenschaften. Eine Lehre, die sich in den vier zentralen deutschen Biersorten bis heute gehalten hat. Denn die vier Körpersäfte vertreten nach Ansicht der mittelalterlichen Medizin die vier Grundtemperamente des Menschen: zunächst die schwarze Galle, griechisch »melaina chole«. Daher leitet sich der Begriff »Melancholie« ab. Diese steht für das Traurige, für das Betrübliche. Also etwa für das Betrüblichste, was es auf der ganzen Welt gibt: alkoholfreies Altbier.

Der zweite Saft ist die »gelbe Galle«, auf Griechisch »chole«. Daher kommt der Begriff »Choleriker«. Die gelbe Galle steht für Jähzorn, Wut, unnötig beklopptes Aufregen. Das sind die Kerneigenschaften der Bayern. Daher ist die »gelbe Galle« mit dem Weizenbier zu vergleichen.

Der dritte Saft ist Schleim. Auf Griechisch »phlegma«. Das ist der Phlegmatiker, der in der Ecke sitzt, nichts tut und wartet. Das findet seine Entsprechung im Pils. Bis so ein Pils ordnungsgemäß gezapft ist, vergehen ja bekanntlich sieben Minuten. Sieben Minuten Durst! So was halten nur Phlegmatiker aus.

Und schließlich gibt es als vierten Körpersaft noch das Blut. Auf lateinisch »sanguis«. Daher kommt der »Sanguiniker«. Der ist fröhlich und lebenslustig, und zwar ohne konkreten Grund. Unbegründete und übertrieben gute Laune: Das kennt man von Köln. Also wäre der vierte Saft das Kölsch.

In der mittelalterlichen Medizin ging es nun darum, diese vier Säfte so in Gleichklang zu bringen, dass kein Saft Oberhand über die anderen gewinnt. Und dazu dienten auch Essensvorschriften. Im Mittelalter dachte man, dass übermäßiges Essen die Säfte durcheinanderbringt. So sollte man zum Beispiel regelmäßig fasten und vierzig Tage ab Karneval nur noch eine Mahlzeit am Tag zu sich nehmen.

Viele Menschen hielten sich schon damals nicht wirklich an dieses Gebot. Vor allem die Kirche selbst nicht. So predigten zum Beispiel die Mönche in den mittelalterlichen Klöstern den Verzicht, sie selbst aber dachten sich Hunderte von Tricks aus, die Fastenregeln zu umgehen. So dokumentieren alte Kloster-Kochbücher die raffiniertesten Fasten-Rezepte, die einem noch heute das Wasser im Mund zusammenlaufen lassen. Vor allem Fisch war ja in der Fastenzeit, im Gegensatz zum Fleisch, erlaubt. Daraus folgerten die Mönche messerscharf: »Wenn Fisch erlaubt ist, dann auch Geflügel.« Schließlich habe Gott bei der Schöpfung die Wesen des Wassers und der Luft an einem Tag geschaffen. Und so gesehen wären Hühner ja auch so etwas Ähnliches wie Fisch. Das Gleiche galt für Biber. Die wurden zwar nicht am gleichen Tag geschaffen wie die Fische, lebten aber auch im Wasser.

Und wenn man Huhn und Biber satt hatte, wurde auch mal ein Ferkel ertränkt und so zum Fisch erklärt.

Am kreativsten waren dabei Bamberger Mönche, die als Fastenspeise Kaninchen züchteten und die weiblichen Tiere kurz vor der Geburt ihrer Jungen schlachteten, um die ungeborenen Karnickel im Fruchtwasser als Fische verspeisen zu können. Klingt widerlich, ist aber Teil unserer Esskultur.

Das Fasten im Mittelalter war allerdings nicht das einzige Nahrungstabu, das wir heute noch kennen. Damals begannen zum Beispiel auch die Vorbehalte gegen den Genuss von Pferdefleisch.

Eigentlich wurde in Deutschland immer Pferd gegessen. Warum auch nicht? Wer mal einen schönen rheinischen Sauerbraten vom Pferd probiert hat, weiß: Pferd ist lecker. Außer der Sattel. Das fanden unsere Vorfahren auch und haben tüchtig Pferde verspeist. Dies fand aber das Missfallen des Papstes, der 732 einen Brief an den Missionar bei den Deutschen schrieb und ihn aufforderte, das Essen von Pferdefleisch zu verbieten. Das Verbot hatte einen handfesten Grund: 732 fand bei Tours die Schlacht statt, in der Karl Martell die Araber besiegte. Und für den Kampf gegen den Islam brauchte man das Pferd als Kriegsmaschine. Seitdem ist das Pferdefleischessen tabuisiert. Eigentlich Unsinn! Manche essen sehr gerne Pferdefleisch, und auch wenn man gern reitet, ist das kein Problem: eins nach dem andern!

Wer reiten will, muss das Pferd auch essen. Jetzt sagen viele, es sei barbarisch, ein Pferd zu verspeisen. Aber wie barbarisch ist es, das Pferd nicht zu essen? Da fahren Leute jedes Wochenende mit der picklig-pubertierenden Tochter zwei Stunden im Auto zum Reiterhof, die Brut wird eine Stunde auf dem Gaul debil im Kreis herumgeführt, und dann fahren alle wieder zwei Stunden zurück. Das ist eine völlig sinnlose Verschwendung von CO_2. Und dann essen die das Tier am Ende nicht mal! Was noch mehr CO_2 erzeugt. In Deutschland leben etwa 600 000 Pferde, davon sterben im Jahr 60 000 Stück. Jedes Pferd könnte 250 Kilo leckeres und gutes Fleisch liefern. Das ist fettarm, zart und hat viel Eisen, wenn man die Hufe mit ins Gehackte mischt. Das sind 15 000 Tonnen Fleisch, die wir einfach wegwerfen. Um die gleiche Menge auf andere Art und Weise zu produzieren, müssen wir 40 000 Rinder auf die Weiden stellen, die uns die Ozonschicht kaputt furzen. Das heißt, wer Fleisch, aber kein Pferd isst, zerstört das Klima! Mit anderen Worten: Fury in the Slaughterhouse.

Pferdemetzger am Wochenmarkt

In Köln gibt es keine einzige Gaststätte mehr, die ausschließlich Pferdefleisch serviert. Vor einigen Jahren war da noch Pitsch in der Alexianerstraße, doch der hat mit dem Ausscheiden von zwei alten Damen, die jahrzehntelang die Zügel fest im Griff hatten, umgesattelt und ein gemischtes Fleischsortiment in die Karte aufgenommen. Aber immerhin: Pferd gibt's noch als Rumpsteak und Filet und natürlich als den Klassiker: der Rheinische Sauerbraten. Es existiert auch nur noch ein einziger Pferdemetzger in Köln, der seine Fleisch- und Wurstwaren auf den diversen Wochenmärkten in den Stadtteilen anbietet. Vor dem Krieg waren es noch mehr als ein Dutzend Schlachtereien und zahlreiche Metzger, die Pferde im

Fury in the Slaughter House: beim Pferdemetzger

Sortiment hatten. Heute ist Pferd out, ein Nischenprodukt, für viele auch ein Tabu.
Die Recherche beginnt bei den Pferdebesitzern, die in der Regel entgeistert sind, wenn man ihnen mit dem Thema Pferdefleisch kommt. Selbstverständlich holen sie den Tierarzt, wenn das Tier erledigt werden soll. Mit der Giftspritze, das ist schnell, schmerzlos und gilt ihnen als »human«. Dass die Pferde anschließend in der Tierkörperverwertungsanstalt landen und zu Tiermehl oder Tierfett verarbeitet werden, interessiert sie schon nicht mehr. Einen solchen Betrieb kann man allerdings nicht besichtigen. Man muss sich mit der telefonischen Auskunft zufriedengeben, dass die Kadaver in einer Zerreißmaschine in kleine Stücke zerschreddert, anschließend in einem Sterilisator auf 133 Grad erhitzt werden, um die Bakterien abzutöten, und dass, nachdem aus der sterilisierten Masse das Wasser verdampft ist, das Fett herausgequetscht wird, das etwa der Lackindustrie als Bindemittel dient, während der Rest als Tiermehl in den bekannten Kreislauf von Fressen und Gefressenwerden zurückwandert.
Die Alternative zur Giftspritze vom Tierarzt ist der Pferdemetzger mit dem Bolzenschussgerät. Aber das geschieht nur bei einem Bruchteil der Tiere, die anschließend ganz fachmännisch zu Braten zerlegt und Wurst verkocht werden. Den allermeisten und hierzulande überwiegend privaten Besitzern von Pferden ist der Gedanke völlig abwegig, dass der »Freund des Menschen« und »Liebling der Götter« ganz banal auf dem Speiseteller landet, etwas, was genau so mit Rindern, Kälbern oder Ochsen tagtäglich und tausendfach geschieht. Auch sie werden wieder eingeführt in den Kreislauf von Fressen und Gefressenwerden, nur dass sich hier nicht die Artgenossen gegenseitig verzehren.
Aber weiter mit der Recherche. Wer kauft nun Pferdefleisch? Ein beliebiger Tag auf dem Wochenmarkt hinter der Theke beim

Pferdemetzger offenbart nichts Besonderes, keine Geheimnisse. Die einen kaufen, die anderen nicht, und die einen sehen so gewöhnlich aus wie die anderen. Die Statistik belegt jedoch etwas Interessantes. Die Welternährungsorganisation in Genf ermittelt den jährlichen Konsum von Fleisch, auch von Pferd. Und da liegt Frankreich weltweit an der Spitze, noch vor China, Japan und Italien. Deutschland folgt weit abgeschlagen mit nicht einmal 6000 Tonnen jährlich, weniger als ein Zehntel der Franzosen. Haben die Franzosen andere Gaumen oder Gene? Nein, sie haben eine andere Geschichte. In der Vergangenheit waren die Reiter Teil der Oberschicht, im wörtlichen Sinne hoch zu Pferd und über dem gemeinen Volk, das bekanntlich 1789 in der französischen Revolution den Adel gestürzt und vom hohen Ross herabgezerrt hat. Tatsächlich gehörte zur vorrevolutionären Propaganda auch die Forderung, dem Adel das Ross nicht nur unterm Hintern wegzuziehen, sondern dieses auch zu verspeisen. Wie gefordert, so 1789 auch getan. Deswegen liegen wir Deutschen ganz am Ende der Statistik im Pferdekonsum: Wir haben ja keine Revolution gehabt.

www.pferd-und-fleisch.de
Alle Informationen über
Produktion & Konsum von Pferd /
Adressen & Gaststätten

Natürlich gibt es das Argument, das Pferd sei doch ein Freund des Menschen und könne daher nicht verspeist werden. Aber ist so ein Ende auf dem Teller nicht ziemlich würdevoll im Vergleich zu dem, was sonst mit toten Tieren geschieht? Die Alternative zum Sauerbraten ist die Abdeckerei. Da werden tote Pferde endverwertet. Genauso wie Katzen und Hunde. Die werden gequirlt und gekocht und zu Lack, Kerzen und Seife verarbeitet. Aus dem treuen Pferd wird dann Vorstreichfarbe und aus dem geliebten Hund eine Bodylotion für die Schönheit. Oder meinen Sie, es ist ein Zufall, warum »schön« auf Italienisch »bello« heißt? Dagegen ist Verspeisen pietätvoll ...

Wobei dies keine Aufforderung sein soll, auch Hunde zu essen ... obwohl auch dies in Europa jahrhundertelang Usus war. Noch im 20. Jahrhundert wurden zum Beispiel in Chemnitz und Zwickau Hunde geschlachtet und gegessen. Nun sagen viele: Das war wahrscheinlich in der DDR, die hatten halt wenig andere Möglichkeiten mal an ein Hot-Dog zu kommen. Aber das Schlachten von Hunden wurde erst 1986 von der EU verboten. In der Schweiz ist es privat sogar immer noch erlaubt. Also passen Sie gut auf, wenn Sie das nächste Mal in Zürich ein Geschnetzeltes essen.

Die Chinesen haben bekanntlich mit dem Hunde-Verzehr traditionell gar keine Probleme. Beliebte Delikatessen sind übrigens Chow-Chows, was ungelogen übersetzt »lecker-lecker« heißt.

Während die Chinesen Hunde gerne zu sich nehmen, finden sie übrigens Milch ekelhaft, ein Lebensmittel, das bei uns zur Grundausstattung gehört. Den Chinesen fehlt nämlich ein Enzym, um die Milch zu verdauen. Davon kriegen die Blähungen und Bauchschmerzen. Wenn man die Chinesen dauerhaft vom Weltmarkt fernhalten will, braucht man daher keine Zölle und Gesetze. Ein großes Käsefondue würde genügen.

Milch ist aber nicht das einzige Nahrungsmittel unseres Kulturkreises, das andere Völker abstößt. Moslems mögen zum Beispiel kein Schweinefleisch, Inder kein Rind.

Das Schweinefleisch-Verbot hat in der arabischen Welt durchaus Gründe, nicht nur religiöse, sondern auch praktische. Dies besagt die Theorie der optimalen Futtersuche. Im arabischen Raum waren die meisten Wüstenvölker in früherer Zeit Nomaden.

Wie schwierig es ist, mit dreißig Schweinen im Pulk durch die Gegend zu laufen, weiß jeder, der mal eine Kegeltour mitgemacht hat. Außerdem war das Schwein für die Wüstenvölker ein »unökonomisches« Lebensmittel, denn es frisst vieles, was auch der Mensch selbst essen könnte. Und das in Ländern, wo wenig wächst. Das Schwein wurde zum Tabu, weil es sich als Nahrungslieferant nicht rechnete.

Ähnlich sieht es mit der Kuh in Indien aus. Hindus würden niemals Rindfleisch essen. Die Kühe sind in Indien heilig. Die indische Kongresspartei auf ihrem ersten Wahlplakat nach der Staatsgründung sogar einen Ochsen abgebildet hat. Nun sagen viele: Was ist daran besonders? Das macht die CSU seit 60 Jahren.

Aber es zeigt, wie zentral die Kuh für die indische Gesellschaft ist. Allerdings wurden in Indien in früheren Zeiten durchaus Kühe gegessen, aber dann vermehrte sich die Bevölkerung so stark, dass nicht mehr genug Weideflächen für die Kühe zur Verfügung standen. Und seitdem werden die Kühe als Nahrungsmittel gemieden.

Kurz gesagt: Tiere, die als Nahrungsquellen zu viel Aufwand bereiten, essen wir nicht und machen sie zu Tabus. Und diese Verbote nehmen wir dann in die Religionen auf. Das heißt: Vieles, von dem wir annehmen, es sei von Gott tabuisiert, ist eigentlich gar nicht von ihm bestimmt. Sondern einfach nur von unserer eigenen Faulheit.

Man isst halt, was man einfach erreichen kann. Sozusagen das, was im Kühlschrank ist. Das ist das Prinzip Jamie Oliver: Essen ohne Aufwand. Nach dem Motto: Auch aus einem Pfund Butter, einem abgelaufenen Joghurt und einer Flasche Hustensaft kann man was Leckeres kochen. Wenn nichts anderes da ist.

Die völlig freie und tabulose Kochkultur, die übrigens Goethe bereits geschätzt hat:

> *Laßt uns doch vielseitig sein! Märkische Rübchen schmecken gut, am besten gemischt mit Kastanien, und diese beiden edlen Früchte wachsen weit auseinander.*

Man bastelt sich zusammen, was man hat. Ein Prinzip, das nicht nur die Küchen der Welt bestimmt, sondern eigentlich unsere ganze Zivilisation. Unsere ganze Kultur.

Ist nicht auch unsere Kulturgeschichte nach einem solchen Rezept entstanden? Sind doch die beiden Basis-Zutaten die griechischen Göttersagen und die jüdische Bibel. Sie bilden den Fond, auf den sich fast alle unsere heutigen Geschichten und Mythen zurückführen lassen.

Auch diese hier: Kurz vor Hitlers Machtergreifung sitzt ein Nazi im Zug einem Juden gegenüber, zieht zwei Zeitungen hervor und erklärt: »Den ›Völkischen Beobachter‹ hier – den habe ich zur Belehrung. Und die ›Frankfurter Zeitung‹ – die habe ich zur Entleerung.«

Darauf der Jude: »Wird nicht lange dauern, und Ihr Hintern ist klüger als Ihr Kopf.«

Es ist ganz einerley, in welchem Kreise wir unsere Kultur beginnen, es ist ganz gleichgültig, von wo aus wir unsere Bildung in's ferne Leben richten, wenn es nur ein Kreis, wenn es nur ein Wo ist.

Hier möchte man Goethe korrigieren: »Wenn es nur ein Klo ist.« Die Nahrungsaufnahme erzählt viel über eine Kultur. Noch einmal so viel erfährt man aber durch einen genauen Blick auf die Nahrungsabgabe. Die Toilette hat für die Entwicklung unserer Zivilisation und unserer Bildung eine enorme Bedeutung. Jeder, der sich an seine Schulzeit erinnert, ahnt, wie viele Hausaufgaben dort täglich vom Heft des Nachbarn abgeschrieben werden. Aber gehen wir der Sache auf den Grund.

Von Knüllern und Faltern
Über das Klo

Was für ein Volk wichtig ist, wird an seiner Sprache deutlich. Die Eskimos haben über 200 Ausdrücke für Schnee, wir Deutsche haben als einziges Land der Welt über 400 Wörter für das Klo: Toilette, WC, Bad, stilles Örtchen, Latrine, Scheißhaus, Donnerbalken, Abort, Häuschen, Bello, Thron, Schlodde, Hüdde, Boiler, Schüssel, Pott, Kackstuhl … und so weiter.

Das Klo ist ein zentraler Ort unserer Kultur und unseres Lebens. Deutsche Ehepartner reden am Tag im Schnitt acht Minuten miteinander, aber jeder Mensch verbringt statistisch über zwanzig Minuten auf dem stillen Örtchen. Das heißt, die meisten Deutschen haben einen engeren Kontakt mit der Kloschüssel als mit dem Partner. Über anderthalb Jahre unseres Lebens verbringen wir insgesamt auf der Toilette. Seltsam, dass man so wenig darüber spricht. Vielleicht liegt das daran, dass es bei Klos um Unrat geht, um Dinge, die wir loswerden wollen. Das aber war nicht immer so.

Klos galten in der Geschichte zum Beispiel auch als Geldquelle. Noch im 19. Jahrhundert gab es in Paris Unternehmer, die alle Fäkalien der Stadt sammeln und weltweit als Dünger exportieren wollten. Das Bonmot des Volksmunds »aus Scheiße Geld machen« war hier eine unternehmerische Vision. Hundert Jahre später ist das dann gelungen: mit Investmentfonds. Wobei man deutsche Bankvorstände nicht mit Klos vergleichen sollte, da gibt's feine Unterschiede: Auf dem Klo ist immer nur Platz für ein Arschloch!

Aber waren die Fonds, die zur Bankenkrise führten, etwas anderes als wertlose Scheiße in einem schönen Karton mit einer goldenen Schleife drum? Im Prinzip ist es der Dreck einer Gesellschaft, der sich jetzt in einer »Bad Bank« sammeln soll. Wie eng Krise und Klo zusammenhängen, kann man erahnen, wenn man sich einmal die Vorstands-Pissoirs der Commerzbank in Frankfurt anschaut.

Hier pisst der Chef:
Commerzbank-Urinale

Die sind so meisterlich gebaut, dass die Manager das Gefühl haben, sie pinkeln vom 40. Stock auf die Stadt und die Menschen herab. Wenn man jeden Tag so pisst, dann denkt man irgendwann auch so.

Das Klo ist Ausdruck menschlicher Kultur – oder wie Victor Hugo sagte: »Die Geschichte der Menschen spiegelt sich in der Geschichte der Kloaken.«

Die beginnt übrigens auf den Orkney-Inseln bei Schottland, mitten im Atlantik, dort fand man die ältesten Toiletten der Weltgeschichte, 3800 Jahre alt. Vor dieser Zeit gingen die Menschen nicht auf fest installierte Aborte, was schlicht daran lag, dass die Urmenschen Nomaden waren. Sie zogen von Ort zu Ort, zelteten irgendwo, und wenn sie mal mussten, machten sie in die Rabatten. Waren diese voll, zogen sie weiter – ein Verhalten, wie man es heute noch in Köln am Rosenmontag kennt.

Das ging so lang, bis einer das Klo erfand. Da waren

vermutlich alle begeistert und riefen: »Oh, da hat einer das Klo erfunden! Wahnsinn! Das Klo! Boh!« Da wollten sich auch alle mal draufsetzen – bis am Ende alle auf dem Klo saßen und der Mensch sesshaft wurde. Und je sesshafter er wurde, umso mehr Klos brauchte er.

Die Toiletten wurden ab dann immer weiter verfeinert, wurden größer, bekamen Wasserspülung. In der Antike machten sich vor allem die Römer Gedanken um ihre Aborte. Römische Klos waren anders als unsere, in Rom saß man nicht alleine auf der Toilette, sondern gemeinsam mit vielen anderen. Das war ein geselliges Ereignis, man unterhielt sich, es traten sogar Künstler und Sänger auf, die die Darmentleerung erleichtern sollten. Also etwa der Effekt, den wir heute vom Musikantenstadl kennen.

Römische Toiletten waren allerdings nicht für alle zugänglich, es waren die wohlhabenden Bürger, die sich da zum Pinkeln einfanden, weshalb man auch heute noch von »feinen Pinkeln« spricht. Die hatten häufig reservierte Plätze in den Latrinen

und brachten manchmal sogar einen Sklaven mit, der ihnen den Hintern abwischte. Das gab es damals als Beruf: Arschputzer. Das klingt fies, aber man darf wetten, spätestens wenn Westerwelle in Deutschland mitregiert, wird das auch hier wieder als zumutbare Arbeit gelten. Als Ich-AG. Wobei man jetzt römische Arsch-Abwischer nicht mit deutschen Ich-AGs vergleichen sollte. Vom Arschabwischen konnte man damals nämlich leben.

Während die Oberschicht die Luxustoiletten benutzte,

pinkelte das normale römische Volk in Fässer am Straßenrand, in denen der Urin gesammelt und zum Reinigen und Färben von Textilien verwendet wurde. Und wenn kein Fass zur Stelle war, pinkelte der Römer halt an eine Säule, weshalb der Kaiser Vespasian schließlich eine Urinsteuer einführte. Fürs Pinkeln Steuern bezahlen! Man bekommt fast Angst, dass die Bundesregierung sich daran erinnert.

Jedenfalls heißen die öffentlichen Klos in Paris nach dem Pinkel-Kaiser Vespasian auch heute noch »Vespasiennes«. Der Kaiser selbst musste sich wegen seiner merkwürdigen Steuer einige Kritik anhören. Unter anderem von seinem Sohn Titus, dem Vespasian aber mit dem berühmten Satz »pecunia non olet« antwortete. Geld stinkt nicht!

Leider ging die große Toilettenkultur der Antike im Mittelalter verloren. Wassergespülte Toiletten gab es kaum noch. Man pinkelte einfach in Nachttöpfe, die man anschließend auf die Straße kippte, oder man machte in einen Graben zwischen den Häusern, den sogenannten Ehgraben. Dieser wurde alle zehn Jahre geleert. Die Exkremente wurden dann aus der Stadt gefahren und bildeten dort eklige Haufen, die mit der Zeit immer größer wurden und aus denen Orte wie Darmstadt und Braunschweig entstanden.

Heute clean: Toilettenabtritt an der Burgmauer

In den Burgen gab es sogenannte Abtritte: Das waren Erker, in denen man sich auf ein Plumsklo setzte, sodass die ganze braune Entleerung von außen an der Burgmauer herunterlief. Daraus wurden dann später die Wappen.

Im Mittelalter stank es daher in den Städten meistens wie die Pest. Denn richtige wassergespülte Klos gab es – wenn überhaupt – nur in den Abteien der Mönche und Nonnen, woher sich wahrscheinlich auch das Wort »Kloster« ableitet.

Die Bedeutung des Aborts für das klösterliche Leben erkennt man bereits daran, dass Luther die ganze Reformation auf dem Klo eingefallen ist. Der schrieb wörtlich: »Diese Kunst (und er meinte die Reformation) hat mir der Spiritus sanctus auf der cloaca eingegeben.« Man mag es sich kaum vorstellen: Luther hat die 95 Thesen auf dem Klo verfasst! Hatte er 100 Thesen geplant, aber dann war das Klopapier alle?

Der Gedanke, dass einem die Idee einer neuen Kirche auf der Toilette kommt, wirkt zunächst verstörend, doch wahrscheinlich saß Luther auf dem Klo, schaute auf sein Schuhwerk und dachte: »Das ist es: Ich will eine Religion erfinden, wo alle solche Gesundheitssandalen tragen wie ich.« Und so ist die evangelische Kirche entstanden. Das können Sie auf jedem Kirchentag überprüfen: Schauen Sie den Protestanten nicht auf die Finger, sondern auf die Füße!

Man erkennt an der Geschichte übrigens gut den Unterschied zwischen den Kirchen. Die Evangelen sind einfach sachlicher. Erdiger. Die brauchen nicht so viel Pomp wie zum Beispiel bei der katholischen Marienverehrung. Denken Sie mal an die Verkündigung, die von katholischen Künstlern tausendfach dargestellt wurde: Da eilt der Heilige Geist mit feinem Gewand zu Maria, die als edle Jungfrau im schönsten Kleid und Heiligenschein in einem feinen Haus sitzt, und verkündet ihr den Willen

Gottes. Und bei den Evangelen? Da kommt der Heilige Geist nach Ostdeutschland: »Tach. Es dä Luther do?« Sagt der Türsteher auf Sächsisch: »Ja. Öben. Der is aufm Klö«. – »Ess ejal, ich hab et eilig!«. Zack. Fertig!

So kann eine Kirche auch entstehen. Ohne Tamtam. Luther fand nichts dabei, und so stammt von ihm der große Satz, den heute jeder, gleich welchen Glaubens, zitieren kann: »Aus einem verzagten Arsch kommt kein fröhlicher Furz.«

Konnten Mönche und Nonnen häufig auf den Luxus einer Toilette zurückgreifen, war dies beim weltlichen Adel noch längst nicht der Fall. Bis ins 18. Jahrhundert ging es da hygienisch drunter und drüber. Die meisten der prachtvollen Schlösser des Adels verfügten über gar keine Toiletten. Allein Schloss Versailles hatte 110 000 Quadratmeter und 700 Räume, aber kein einziges Klo! Der Adel und die Bediensteten pinkelten und kackten einfach in den Park oder in einen Topf hinter die Säulen. Was deutsche Adelige wie Ernst August von Hannover ja heute noch gern machen.

Aber man muss das dem Adel verzeihen, Adelige haben oft einen Dachschaden. Das bleibt nicht aus, wenn man sich über Jahrhunderte nur innerhalb der eigenen Verwandtschaft paart.

So stank es in den Schlössern Europas nicht nur bestialisch, im Feudalismus spielten die Ausscheidungen sogar eine staatstragende Rolle. Ludwig XIV. empfing seine Gäste gerne mal auf dem Nachttopf, und bei Abendgesellschaften war das Hauptthema monatelang eine Analfistel beim König. Man kann sagen: Der Absolutismus war so etwas wie Charlotte Roches »Feuchtgebiete« als Epoche. Was sich auch an der Mode zeigt. Bei Empfängen war es damals nicht erlaubt, in Anwesenheit des Königs den Raum zu verlassen, weshalb die Frauen, wenn sie mal mussten, sich nichts anmerken ließen und unter ihre langen Kleider machten. Die Damen trugen im Grunde ihr Dixi-Klo am Körper, woher sich auch der Begriff »Dress Code« ableitet.

Feines Pinkeln

Angefangen hat das Klogeschäft für Alfons Clasen bei der Feuerwehr. Die veranstaltet im bergischen Odenthal jährlich ihr Fest und ordert dafür bei einem gewerblichen Entsorger einen Toilettenwagen. Klar, denn obwohl die Wehr zum Löschen da ist, macht sich eine Einheit von Feuerwehrmännern in den Büschen des Festplatzes nicht gut. Aber der Auftrag wurde vergessen, es gab keinen Wagen mehr. Alfons Clasen kümmerte sich und konnte im letzten Moment die Klos noch besorgen. So entstand die Geschäftsidee! Warum nicht selbst ins Fäkaliengeschäft einsteigen, wenn die mobilen Örtchen so rar sind? Der Kfz-Mechaniker Clasen baute für das nächste Jahr einen alten Bauwagen um, und das Pinkeln klappte vorzüglich. Ab sofort sah man diesen magentabraunen Fäkalisten öfter im Bergischen beim Schützenfest und beim Fest der Feuerwehr, bei Betriebsausflügen und großen Hochzeiten. Bald konnte Clasen den Fuhrpark erweitern und sich ein paar Jahre später mit sei-

Geschäftswagen: Martin Stankowski mit Dixi-Clasen

ner Frau selbstständig machen. Natürlich sind die Häuschen von ToiToi oder Dixi weiter verbreitet, aber Clasen ist Spezialist. Vom Polterabend über den Weihnachtsmarkt bis zum Angelteich, alles wird von ihm beliefert. Für das kleine Event hat er eine mobile Einzeltoilette auf einen Anhänger montiert, die man selbst abholen, bei der Party in den Garten stellen und abgefüllt wieder zurückbringen kann. »Für ein reines Vergnügen«, das ist sein Karma. Und weil Diversifikation alles ist, gibt es vom warmen Klo im freundlichen Look für den Winter, mit Innenheizung und isolierten Außenwänden, über die behindertengerechte Bedürfnisanstalt mit Auffahrrampe, und mit extra breiter Tür, bis zur Luxustoilette mit Vorraum, Warmwasser und eingebauter Musikanlage alles, was das Herz, beziehungsweise der Po begehrt.

Das Büro wird von Anfang an von seiner Frau gemanagt: Monika Clasen koordiniert die rheinischen Abfälle, jedenfalls die, die durch ihre Häuschen gehen. Bei festen Standplätzen, vor allem bei Baustellen, wird einmal die Woche der stille Ort entleert, gesäubert und wieder aufgehübscht, mit viel Wasser, Chemie und guten Schwarzwaldgerüchen.

Leider sind die Clasens Logistiker und keine Ethnologen. Fragen nach lokalen Besonderheiten der Toilettenkultur können sie ebenso wenig beantworten wie die nach Geschlechterspezialitäten oder nach der, ob der Abtritt von deutschen oder türkischen Nutzern unterschiedliche Gerüche oder Konsistenzen hat. Vor Clasens sind alle gleich, wie vor dem Herrgott, ohne Ansehen der Person, Herkunft, Alter, Rasse, Religion oder Geschlecht. So oder so: Es kommt auf dasselbe hinaus.

Toilettenzentrale, Burscheid
Monika Clasen
www.clasen-toiletten.de

Den eigentlichen Durchbruch zum Klo von heute und zu hygienischeren Verhältnissen gab es erst mit der Einführung des Wasserklosetts. Das WC wurde nach der Cholera-Epidemie 1848 in England verbindlich, weil man festgestellt hatte, dass die Exkremente an der Entstehung und Verbreitung von Krankheiten beteiligt sind. Das war der Beginn der Hygiene, die dann auf den Toiletten immer wichtiger wurde und sich bis ins Absurde steigerte. Was machen wir nicht alles für saubere Klos! Wir haben Sagrotan, wir haben selbstreinigende Toilettensitze. Inzwischen gibt es sogar schon Klos, die automatisch die Ausscheidungen untersuchen und die Ergebnisse direkt an den Hausarzt mailen. Manche Klos saugen einem den Hintern so lange in der Schüssel fest, bis man ihnen zehn Euro Praxisgebühr bezahlt hat. Das Klo ist inzwischen der sterilste Ort unserer Zivilisation.

Wenn nur nicht der Mensch wäre, der sich immer wieder gegen die Hygiene wehrt. Vor allem der Mann! Es gibt Statistiken, wie sich Männer und Frauen auf dem Klo verhalten, und sie offenbaren erhebliche Unterschiede: Frauentoiletten sind durchweg sauberer als Männertoiletten. Was auch für die Reinlichkeit der Frauen selbst gilt: Achtzig Prozent der Frauen waschen sich zum Beispiel nach dem Pinkeln die Hände. Bei den Männern sind es nur fünfzig Prozent. Wenn also Männer mit nassen Händen vom Klo zurückkommen, dann liegt das nur bei der Hälfte am Waschen. Außerdem verhalten sich Männer und Frauen auf dem stillen Örtchen auch unterschiedlich: Frauen sind auf der Toilette kommunikativer: Die gehen in der Kneipe schon mal zusammen aufs Klo, unterhalten sich, kichern oder vergleichen den Hintern ihrer Männer mit dem von Brad Pitt. Männer dagegen sind am liebsten allein auf dem

Klo, und das hat auch einen Grund: Viele Männer können nämlich nicht pinkeln, wenn ein anderer Mann neben ihnen steht. Ein Phänomen, das die Medizin Paruresis nennt. Das gilt als psychische Störung, die wahrscheinlich in den Relikten unserer tierischen Instinkte begründet liegt: Der Mann steckt beim Pinkeln immer noch sein Revier ab, wie es Hunde tun. Wenn direkt neben dem Mann ein anderer Mann steht, der auch pinkelt, kommt es zu einer inneren Hemmung, einem Revierkampf. Wer pinkelt als Erster, wer pinkelt länger? Das verkrampft viele Männer so sehr, dass sie gar nicht mehr können.

Männer konkurrieren also beim Pinkeln. Das Pinkeln ist für den Mann ein Erfolgserlebnis, da sind Männer stolz drauf. Es würde doch zum Beispiel keine Frau vom Tisch aufstehen und sagen: »So, Freunde, ich bring jetzt mal ne ordentliche Stange Kölsch weg.« Oder: »Ich muss mal aufs Klo. Ich hab nen Bob in der Bahn.« Und dann zurückkommen und freudestrahlend rufen: »Freunde, da bin ich wieder! Zwei Kilo leichter!!« So was machen nur Männer. Für sie sind die Ausscheidungen persönliche Erfolge. Daher sind neuerdings auch in vielen Pissoirs Ziele eingebaut. Zum Beispiel ein Fußballtor, bei dem sich der Ball verfärbt, wenn man ihn beim Pinkeln trifft, oder eine Kerze, die der Mann auslöschen muss. Das sind Spielereien mit einem großen Effekt: Wenn in einem Pissoir ein Ziel aufgebaut ist, steigt die Sauberkeit der Toiletten erwiesenermaßen um achtzig Prozent. Weil der Mann immer ein Ziel braucht. Hat er kein Ziel, steht der Mann vor dem Pissoir und langweilt sich, beginnt sich beim Pinkeln mal nach rechts, mal nach links zu drehen, und schon ist es aus mit der Sauberkeit. Hat der Mann aber ein Ziel, entwickelt er Ehrgeiz, und sei das Ziel auch noch so meschugge. Ausschließlich Männer kommen auf Ideen wie den Kölner Dom aus 400 000 abgebrannten Streichhölzern nachzubauen. Solchen Quatsch würden Frauen nicht mal denken, und wenn doch, sofort fragen: »Warum?« Aber Männer finden das normal: »Guck mal, Hans, ich hab den Kölner Dom aus Streichhölzern gebaut.« – »Wahnsinn, Jupp, da hast du aber was Tolles geleistet.«

Die Frage nach dem Warum stellen sich Männer gar nicht. Die brauchen eine Aufgabe. Vor allem junge Männer, die Testosteron noch nicht für eine Stadt in Südamerika halten. Deshalb entsteht ja auch der Terrorismus meist in Ländern, in denen viele junge Männer kein sinnvolles Ziel haben. Ich wette, wenn man in Afghanistan alle Männerklos mit Zieleinrichtungen ausstatten würde, wäre die al-Qaida in ein paar Jahren am Ende: »Ey, Mustafa, machen wir konkret Selbstmordattentat?« – »Kein Bock, Achmed, ich geh lieber aufs Klo und versuch, das Tor zu treffen.«

Solche Zieleinrichtungen gibt es für Frauen noch nicht. Warum auch? Frauen sind auf der Toilette gut beschäftigt. Sechzig Prozent von ihnen gaben in einer Umfrage an, auf dem stillen Örtchen nachzudenken, rund zwanzig Prozent telefonieren mit der besten Freundin. Männer hingegen lesen am liebsten auf der Toilette.

Darauf müsste die Industrie eigentlich auch reagieren. Zum Beispiel mit Klopapier, auf dem Nachrichten stehen. Das kommt bestimmt noch, stellt sich der Toilettenpapierfabrikant doch heute schon auf die unterschiedlichsten Bedürfnisse ein. Zum Beispiel auf die verschiedenen Benutzergruppen von Klopapier, die von der Klopapierindustrie tatsächlich in vier Gruppen aufgeteilt werden. Im angelsächsischen Raum beispielsweise sind die Menschen sogenannte »Knüller«. Sie knüllen das Klopapier vor dem Einsatz zu rundlichen Gebilden. In anderen Ländern wiederum findet man vornehmlich »Wickler«. Hier wird die flache Abwisch-Hand zuvor mit dem Papier umwickelt. Wir Deutschen hingegen sind mehrheitlich »Falter«, die das Klopapier wie eine Hose mit Bügelfalte vor dem Gebrauch in den Kniff zwingen. Bis auf die Schwaben, hier trifft man sogenannte Einzelblattverwender. All diese Gewohnheiten kennen die Klopapierdesigner und stimmen ihre Produkte darauf ab. Ein interessanter Beruf.

Wobei Menschen, die sich mit Exkrementen befassen, immer ein wenig schräg angeschaut werden. Dies ist allerdings nicht nur in unserem Kulturkreis so. Auch viele Naturvölker gehen mit dem Thema »Toilette und Ausscheidungen« sehr schamhaft um. Beim Volk der Lakalai in Papua-Neuguinea darf zum Beispiel ein Eigenname niemals in Zusammenhang mit Ausscheidungen genannt werden. Sie schämen sich für ihre Exkremente: Wenn dort ein Kind aufs Klo geht, und die Mutter sagt versehentlich: »Och, das kleine Peterchen macht Aa«, ist das für alle anderen, die im Stamm Peter heißen, so peinlich, dass die sich umbringen.

Ähnlich sieht's bei den Jagga in Afrika aus. Bei denen ist alles, was mit Exkrementen zu tun hat, so schambesetzt, dass die Männer behaupten, beim Initiationsritus hätte man ihnen den Hintern für immer verkorkt. Die Jagga-Frauen glauben das den Männern zwar nicht, aber sie spielen das Spiel mit. Wenn beispielsweise einer der Männer furzt, muss ein Kind sich als Verursacher outen. Furzen ist dort für den Mann eine Peinlichkeit, die sein Weiterleben infrage stellt.

Dabei ist Furzen menschlich. Jeder Mensch gibt pro

Tag etwa drei Liter Gas von sich. In Tagesdosen von bis zu 200 Fürzen, wie Flatologen herausgefunden haben. Flatologen sind Wissenschaftler, die sich ausnahmslos mit Darmwinden beschäftigen. Sie fanden zum Beispiel heraus, dass bei einem normalen Furz 99 Prozent der Bestandteile nicht stinken. Das, was riecht, sind ein Prozent Schwefelverbindungen. Der Rest ist einfach CO_2, Stickstoff, Sauerstoff und bei dreißig Prozent der Menschen Methan, was zum Teil lebensgefährlich sein kann, weil Methan brennbar ist. Methanfürze können im Kontakt mit Feuer eine bis zu zwanzig Zentimeter lange Stichflamme erzeugen. Vor einigen Jahren hat ein Bauer in Irland seine Scheune so zum Brennen gebracht und ist dabei ums Leben gekommen. Die Überschrift in der Zeitung am nächsten Tag lautete: »Gone with the wind.« Vom Winde verweht.

Ob man selbst ein Methan-Furzer ist oder nicht, kann man nur experimentell ermitteln. Also probieren Sie es mal selbst zu Hause mit einem Feuerzeug. Oder wenn Ihnen das zu unsicher ist: Das Methanpupsen wird vererbt. Stellen Sie also beim nächsten Familienfest einfach die Oma mit dem Rücken nah an den Grill und warten Sie ab, was passiert. Das Ganze natürlich dezent. Denn wir leben zwar nicht wie die Jagga. Aber auch bei uns gilt der öffentliche Furz als unhöflich. Ein Malheur, eine peinliche Situation, die man überspielen muss.

Gutes Benehmen

Das Stichwort lautet »Einzelcoaching«. Das ist toll, trainiert zu werden in gutem Benehmen ohne Zuschauer. Ganz allein lernt man klasse Umgangsformen, kann sich daneben benehmen ohne böse Blicke und die Besserwisser von nebenan. Anke Willberg betreibt ihre »Agentur für zeitgemäße Umgangsformen« in Bonn, und wir verabreden uns im edlen Hotel Königshof.

Ein separates Speisezimmer mit Ausgang auf die Terrasse ist bestellt, der Tisch für zwei Personen eingedeckt, die Karte für das Drei-Gang-Menü steht bereit.

Aber schon bei der Platzwahl beginnt es. Die Dame bekommt natürlich den schöneren Platz, mit dem Blick auf den Rhein, und ich starre auf die weiße Wand.

Besser mit den Fingern essen?
Einzelcoaching klärt auf.

Dann geht es los mit einer heißen Suppe, aber trotzdem, gebetet wird nicht, stattdessen kommen die Belehrungen: den Löffel nicht ganz vollmachen, diesen zum Mund und nicht den Mund zum Teller führen und schließlich den Löffel nicht mit der Breitseite benutzen. Nebenbei lerne ich, das Brot in kleine Brocken zu brechen, nur wenig Butter zu nehmen und das Weinglas beim Anstoßen am Stil zu fassen. Zumindest den Weißwein darf man nie beim Glase fassen, beim Rotwein dürfte ich das, aber es gibt gar keinen Roten. Schwieriger wird es dann beim Hauptgang mit einem kleinen Berg aus Tagliatelle, die ich nie schneiden darf,

sondern mit der Gabel auffädeln soll, was nicht gelingen will. Aber dafür ist das Coaching ja da, man muss anschließend auch noch Ziele haben.
Mich interessiert eher, welche Leute sonst Frau Willberg buchen, aber da ist sie diskret: Es handelt sich um Geschäftsleute im weitesten Sinne, und bei denen geht es in aller Regel nicht um Hunger beim Essen, sondern um Sicherheit. Und so gehören zum Ausbildungsprogramm auch Themen wie Kleidung, Begrüßung, Auftreten, das höfliche Telefonieren und auch die wesentliche Frage, wann ich die Hand in die Hosentasche stecken darf und wann nicht. Das geht laut Willbergs Regel nur beim lockeren Stehempfang, Gerhard Schröder wird als Hosentaschentyp angeführt. Wobei die entscheidende Frage, was die Hand in der Tasche macht, nicht einmal gestellt, geschweige denn beantwortet wird.
Ein Kapitel, das im Standardprogramm nicht vorgesehen ist, aber von Anke Willberg auch ganz fachfraulich beantwortet wird, ist das Thema Toilette. Man soll es nicht ankündigen, wohin man geht, wenn man gehen muss, vor allem nicht, was man vorhat. Ebenso wenig soll man beim Zurückkommen mit seinen nassen Händen dokumentieren, wo man herkommt. Die man übrigens weder an den Hosenbeinen noch am Tischtuch trocknen darf, auch wenn sich das anbietet.
Nach dreieinhalb Stunden bin ich durch und ziemlich perfekt. Und jetzt endlich stimmt auch für mich der Grundsatz des guten Benehmens: Wer es kennt, erkennt auch, wie und wann er sich darüber hinwegsetzen darf.

Agentur für zeitgemäße
Umgangsformen, Bonn
Anke Willberg
www.ankewillberg.de/

Die Toilette und gutes Benehmen: Das sind sensible Themen. Aber auch, wenn man mal unangenehm auffällt, sollte man sich mit Goethe trösten, der schrieb:

Im Atemholen sind zweierlei Gnaden,
Die Luft einziehen, sich ihrer entladen.
Jenes bedrängt, dieses erfrischt,
So wunderbar ist das Leben gemischt.
Du, danke Gott, wenn er dich presst,
Und dank ihm, wenn er dich wieder entlässt.

Das kann man als Lob des Furzes lesen, das den Menschen selbst als Darmwind beschreibt. Ein schönes Bild, das zeigt, dass es Goethe mit der Frömmigkeit nicht so hatte.

Wirst du die frommen Wahrheitswege gehen,
Dich selbst und andere trügst du nie.
Die Frömmelei lässt Falsches auch bestehen,
Derwegen hass ich sie.

Nun möchte man Goethe widersprechen, hat diese Frömmelei, die viel Falschem Raum lässt, doch auch große Vorteile: Ein Mann kehrt von einer Europareise in die USA zurück. Am Flughafen durchsucht der Zöllner seinen Koffer und fördert eine Flasche zutage: »Was ist das?«

»Das ist Wasser aus Lourdes.«

Der Zöllner öffnet misstrauisch die Flasche und schnuppert: »Das ist kein Wasser, das ist Cognac!«

»Cognac?«, staunt der Mann. »Schon wieder ein Wunder!«

Ohne Kopf topfit
Über Wunder

Das Unglaubwürdige kann unser Dasein erleichtern, wenn es als Wunder in unser Leben tritt. Und gerade jetzt in der Wirtschaftskrise könnten wir alle gut ein paar Wunder gebrauchen.

Machen wir mal eine Exkursion in den Wallfahrtsort Kevelaer am Niederrhein, am besten sonntags. Wir werden feststellen, da ist die Hölle los. Die Fußgängerzone ist gefüllt mit Menschen. Die Leute kaufen, geben Geld aus, die Kassen klingeln. Und warum? Weil die Läden sonntags öffnen dürfen, wenn sie religiöse Produkte verkaufen. Und man glaubt kaum, was auf einmal alles religiös

Vom Stellvertreter zur Kalorienbombe: Süßwarenpapst

wird. Da gibt es Maria-Kuchen, Maria-Wurst, Papst-Lollies, sogenannte Lolli-Popes.

Dass die noch keine Papst-Kondome verkaufen, ist alles. Die würden vermutlich »Klingelbeutel« heißen, von Mönchen in Maria Laach mit der Hand perforiert. Aber Kevelaer zeigt uns, was ein echtes Wunder ist: Theologisch gilt als Wunder, was die Naturgesetze außer Kraft setzt. Kevelaer zeigt, das gilt nicht nur für die Naturgesetze, sondern auch für das Ladenschlussgesetz. So bekommt man mit Marienkraft, was selbst die FDP nicht schafft!

Das ist nicht nur in Kevelaer so, auch an anderen Wunder-Standorten wie Lourdes mit seiner Marienerscheinung aus dem Jahr 1858. Die kleine Stadt hat inzwischen fast so viele Touristen wie Paris. Über fünf Millionen pro Jahr, die von ihren Beschwerden und Krankheiten geheilt werden wollen. Aber funktioniert das? Die Wunderkommission in Lourdes hat in all der Zeit von 1858 bis heute nur 66 bezeugte Heilungen festgestellt, die ohne ärztliches Zutun erfolgten und nicht erklärt werden konnten.

Davon sind allerdings die meisten geheilte Tuberkulosefälle aus der Zeit vor dem Ersten Weltkrieg. Danach nehmen die Tuberkulosewunder rapide ab, denn die Röntgengeräte wurden erfunden, und von da an konnte man überprüfen, ob die Kranken auch wirklich Tuberkulose oder nur eine Lungenentzündung hatten. Die meisten Fälle waren also keine Wunder.

Im Rheinland ist die Geschichte euer Kölner Familie überliefert, die elf Kinder hat. Einer der Söhne ist stumm. Also nimmt der Vater den Sohn, fährt mit ihm nach Kevelaer, um zu beten. Und in der Messe sagt der Junge plötzlich: »Papa, ich habe Hunger.« Der Mann ruft begeistert seine Frau an und erzählt: »Schatz! Ein Wunder! Unser Sohn spricht wie ein Wasserfall!« Sagt die Frau. »Kein Wunder, du Jeck! Hast ja auch den falschen mitgenommen.«

Wunderheilungen kann man medizinisch betrachten: Medizin ist die Kunst, dem Patienten so lange die Zeit zu vertreiben, wie der Körper mit Selbstheilung beschäftigt ist. Das ist bei über dreißig Prozent der Erkrankungen so. Manche Ärzte drücken das so aus: Rückenschmerzen dauern mit Behandlung zwei Wochen, ohne 14 Tage. Das gilt manchmal sogar für Krebs. Meinem Nachbarn haben sie vorausgesagt, er hätte noch acht Monate zu leben. Das ist jetzt zwanzig Jahre her. Und dieses Jahr läuft er den New-York-Marathon mit! Und zwar in Köln. Der Arzt sagte ihm, es käme vor, dass sich sogar eine lebensbedrohliche Krankheit einfach so zurückbilde. Die Wahrscheinlichkeit liegt allerdings leider nur bei 1:10 000 bis 1:100 000. Das ist nicht viel, aber wenn wir uns jetzt mal Lourdes anschauen: In 150 Jahren sind etwa hundert Millionen Besucher in den Ort gepilgert, und die Zahl der anerkannten Wunder liegt bei 66. Bei hundert Millionen hoffnungsvollen Pilgern! Das heißt, die Wahrscheinlichkeit einer plötzlichen Heilung ist in Lourdes noch geringer als in der Fußgängerzone von Duisburg.

Lourdes zeigt aber: Auch, wenn sie nicht wirken, können Wunder unsere Wirtschaft ankurbeln. Das lässt sich nachweisen: Die meisten Wunder ereignen sich in katholischen Regionen. Dagegen in den evangelischen Gegenden: nichts. Da ist das einzige Wunder, wenn die Kirche voll ist. Gut, ein evangelisches Wunder kann man sich auch nur schwer vorstellen. Wenn die Muttergottes vor Margot Käßmann erscheint, da fragt die Landesbischöfin von Hannover vermutlich: »Mensch, Maria, wo ist Josef? Habt ihr euch auch scheiden lassen?«

Wenige Wunder gibt es auch in den ostdeutschen Ländern. Dabei könnten die dringend ein paar davon brauchen. Wenn man sich mal die Arbeitslosenzahlen der einzelnen Bundesländer anschaut, erkennt man ganz klar: Länder mit vielen Wundern haben weniger Arbeitslose, weil Wunder eine Industrie sind. Das heißt, wenn es Ihnen persönlich nicht so gut geht, oder wenn Sie in einer Gemeinde leben, die Geld braucht, dann gründen Sie kein sinnloses Gewerbegebiet, das die Landschaft verschandelt. Sorgen Sie für ein Wunder!

Es stellt sich natürlich die Frage: Was genau ist ein Wunder? Darüber haben die Gelehrten immer gestritten. Und zwar vor allem Augustinus mit Thomas von Aquin. Die beiden hatten eigentlich immer Streit. Die waren so was wie Schalke und Dortmund des Mittelalters. Thomas von Aquin sagte: Wunder sind Dinge, die Gott wider die Natur vollbringt. Also Gott verändert die Natur, um uns etwas zu zeigen. Zeigen heißt auf Latein »monstrare«, woher sich auch das Wort »Monster« ableitet. Mit Monstern zeigt uns Gott seine Schöpferallmacht. Was in die Richtung des von Papst Benedikt zum Linzer Weihbischof ernannten Gerhard Maria Wagner zeigt, der sagte, Gott habe den Hurrikan »Kathrina« geschickt, um die Stadt New Orleans für ihre Sündhaftigkeit zu strafen. Möglich. Wobei die Stadt Linz mit diesem Bischof auch hart gestraft gewesen wäre. Doch glücklicherweise hatte dieser nach Zwiesprache mit Gott ein Einsehen und trat noch vor seiner Weihe zurück.

Augustinus hingegen vertrat die Ansicht, Gott vollbringe die Wunder nur gegen die uns bekannte Natur. Für ihn sind Wunder demnach Phänomene, die wir noch nicht erklären können, die aber irgendeine innere Logik haben. Also so etwas wie die Gesundheitsreform. Wobei man Ulla Schmidt nicht mit Gott vergleichen kann. Gott hat Aachen geschaffen, Ulla Schmidt ist die Rache Aachens für die Randlage. Aber zumindest erklärt das, warum man den meisten Wundern im medizinischen Bereich begegnet.

Heiliger Kopfweh

Der 23. Juli war einer der wichtigsten Feiertage der Kölner Stadtgeschichte, denn an diesem Tag des Jahres 1164 sind die Knochen der heiligen Drei Könige in Köln angekommen. Das gleiche Datum wird aber auch in Remagen gefeiert, als Ankunftstag des Heiligen Apollinaris. Tatsächlich sind diese Heiligen gemeinsam aus Italien ins Rheinland gekommen, die drei Könige aus Mailand und Apollinaris aus Ravenna. Und zwar wurden alle vom Kölner Erzbischof Reinhold von Dassel persönlich geklaut. Den Apollinaris ließ er eine Tagesreise vor Köln auf der Rückfahrt in Remagen zurück, und zwar – wie die Legende berichtet – weil das Schiff sich weigerte weiterzuschwimmen. Später hat man dann nachgerechnet: Mit Anlanden, Ausladen, Hochamt, feierlicher Überführung und der Weiterfahrt nach Köln war das schwerlich an einem Tag zu schaffen. Darum wird seit dem Jahre 1915 die Kölner Ankunft nicht mehr am 23., sondern einen Tag später, am 24. Juli gefeiert.
Allerdings ist der heilige Apollinaris nicht nur der Patron von Remagen, sondern auch von Düsseldorf, weil der Herzog von Berg 200 Jahre später den Heiligen nach Düsseldorf verschleppt hat. Bis auf den Schädel, den konnten die Remagener vorher in Sicherheit bringen. Die Mehrheit der Knochen liegt in Düsseldorf, der Schädel aber in Remagen, und auf den kommt

es schließlich an: Der Kopf ist das Wichtigste beim Apollinaris, ist er doch als Schutzpatron zuständig für Kopfschmerzen, Migräne und Leiden der Schädelpartie. Es gibt übrigens neben Apollinaris ein gutes Dutzend Heilige, die bei Kopfschmerzen helfen, und zwar weil sie selbst Leidtragende waren und insoweit als Experten gelten können. So wie zum Beispiel der heilige Dionysius, der Schutzpatron von Paris. Der wurde als Märtyrer enthauptet, ist aber nach der Hinrichtung mit dem eigenen Kopf unter dem Arm noch vier Kilometer weit gelaufen bis zu seiner künftigen Grabeskirche. Und das im Winter und bergauf. Ähnlich ein Märtyrer, der nach seiner Hinrichtung noch ein Gebirge überstiegen hat, bis er endlich an seinem Grab angekommen war, den Kopf immer dabei. Ein anderer hat kopflos noch einen Fluss durchschwommen, und von einem wird sogar berichtet, er habe seinen abgeschlagenen Schädel selber an einer Quelle gereinigt, aus der heute noch rötliches Wasser fließt. Alle diese Heiligen nennt man »Kephalophoren«, griechisch die »Kopfträger«, und sie sind in einer Spezialabteilung zusammengefasst: Sie alle helfen bei Kopfschmerzen und Migräne. Den Apollinaris in Remagen nennt man deswegen auch den heiligen Kopfweh.

Alternative bei Kopfweh: Apollinaris statt Aspirin

Heute ruht der Schädel des Heiligen in einer prächtigen silbernen Reliquienbüste, die in einem Sarkophag in der Krypta der Apollinariskirche auf dem gleichnamigen Berg bei Remagen aufbewahrt wird. Einmal im Jahr allerdings wird sie von den Patres, die die Wallfahrtskirche betreuen, herausgeholt. Der Sockel dieses Büstenreliquiars ist hohl, und die Menschen, die in langer Reihe vor dem Altar warten, bekommen in einem kleinen Segensakt den Heiligen übergestülpt bzw. kurz über den Kopf gehalten. Das hilft gegen die bekannten Leiden. Man muss allerdings daran glauben.

Die Apollinariskirche hat übrigens der Kölner Dombaumeister Zwirner entworfen, im selben neugotischen Stil wie das große Kölner Vorbild. Sie wird neben der Architektur auch gerühmt wegen der Wandgemälde der Düsseldorfer Nazarener Schule. Wer die heftige Farbigkeit und den realistischen Stil mag, mit dem Anfang des 19. Jahrhunderts eine neudeutsch-pathetische Kunst initiiert werden sollte, kommt hier voll auf seine Kosten.

Remagen war früher ein sehr beliebter Wallfahrtsort, galt der heilige Apollinaris doch nicht nur als Weinheiliger, sondern half auch bei Fallsucht, Steinleiden und Beschwerden an den Geschlechtsorganen. Das gleichnamige Mineralwasser ist allerdings einem Irrtum zu verdanken. 1852 ersteigerte der Winzer Georg Kreuzberg einen Weinberg in der Nähe von Bad Neuenahr, hatte aber Pech, da die Reben nicht wuchsen. Die Diagnose: »Saurer Boden«, wegen einer ungewöhnlichen Konzentration von Kohlendioxyd. Georg Kreuzberg ließ graben, stieß auf eine Mineralwasserquelle bester Qualität und nannte sie nach einer Statue des Heiligen, die im Weinberg stand, Apollinaris-Quelle. Der Winzer sattelte auf Wasser um, hatte großen Erfolg und verriet erst auf dem Sterbebett den Söhnen sein Geheimnis: »Man kann auch aus Trauben Wasser machen.«

St. Apollinaris Remagen
Apollinarisberg 4
Tel. 02642 / 2080
www.apollinariskirche-remagen.de

Wenn Sie in Ihrem Ort ein Wunder etablieren wollen, müssen Sie natürlich erst einmal darüber nachdenken, welche Art von Wunder Sie haben möchten. Die Kirche bietet da eine Vielzahl von interessanten Varianten, auch abseits der ausgetretenen Pfade des »Über-Wasser-Gehens« und »Blinde-wieder-sehend-Machens«: Zum Beispiel Bilokationswunder. Das sind Wunder, bei denen ein Heiliger an zwei Orten zur gleichen Zeit erscheint. Das kennt man von Handwerkern, vor allem im Rheinland. Da tropft der Siphon, man ruft den Klempner an, der sagt, er komme um zehn Uhr. Man wartet. Es passiert nichts. Man wartet weiter. Um zwölf ist er immer noch nicht da. Um 14 Uhr auch nicht. Dann ruft man an, und der sagt: »Jung, ich hab grad noch in Düsseldorf ne Notfall, aber ich bin jetzt da.«

»Ich bin jetzt da.« Das ist das rheinische Futur der Gegenwart. Das heißt, er ist körperlich noch in Düsseldorf, aber gleichzeitig schon längst bei Ihnen am Siphon. Zumindest geistig. Körperlich kommt er erst morgen. Wenn überhaupt. Das ist ein Bilokationswunder. Viele Frauen kennen das auch, wenn der Mann nach Hause kommt und nach Alkohol riecht. Wenn er sagt: »Ich komm von der Arbeit«, ist das keine Lüge, sondern auch ein Bilokationswunder. Der war in der Kneipe und auf der Arbeit.

Das zeigt die Geschichte, in der ein Mann in die Kneipe kommt, drei Kölsch bestellt und sie direkt alle nacheinander trinkt. Dann noch drei trinkt. Nochmal drei. Nun fragt der Wirt: »Sagen Sie, wieso bestellen Sie denn immer drei Kölsch auf einmal?« »Ja«, sagt der Mann, »die sind für zwei Freunde von mir. Der eine ist nach Hamburg gezogen, der andere nach München. Ich vermisse die sehr und deshalb trinke ich die Kölsch für die beiden mit. Dann ist das so, als seien wir noch zusammen.« Zwei Wochen später kommt der Mann wieder in die Kneipe, bestellt aber nur zwei Kölsch. Da fragt der Wirt besorgt: »Och, ist was passiert? Gibt es einen Trauerfall?« »Ne«, sagt der Mann, »ich trinke nichts mehr.«

Bilokationswunder sind nicht die einzigen interessanten Wunder, auch sogenannte Levitationswunder sind spannend. Das sind »Flugwunder«, bei denen sich besonders der heilige Joseph von Copertino hervorgetan hat.

Der katholische Mönch, der im Jahr 1663 starb, war bekannt dafür, dass er regelmäßig durch die Kirche flog. Ohne Seil und Propeller. Einfach so.

Stand-by-Flug: Copertino

Begraben wurde er dann übrigens in der Kirche in Osimo in den Marken in Italien. Kurios: Der Leichnam wurde mit einer Metallschicht überzogen, damit er nicht wegfliegt!

In die gleiche Kategorie der »Flugwunder« gehört auch ein Wunder in Wilna, wo im Jahr 1874, von der Kirche bezeugt, eine Flasche vom Tisch hochstieg, aus dem Haus flog und erst durch das Fenster und dann durch die Tür wieder hereinkam. Da sagen viele: Eine Flasche, die immer wiederkommt, das ist kein Wunder, das ist Roland Koch!

Aber die fliegende Flasche gilt als Wunder, wie auch die Beintransplantation von Cosmas und Damian. Ebenfalls ein schönes und seltenes Wunder.

Da haben die beiden heiligen Zwillingsbrüder unge-

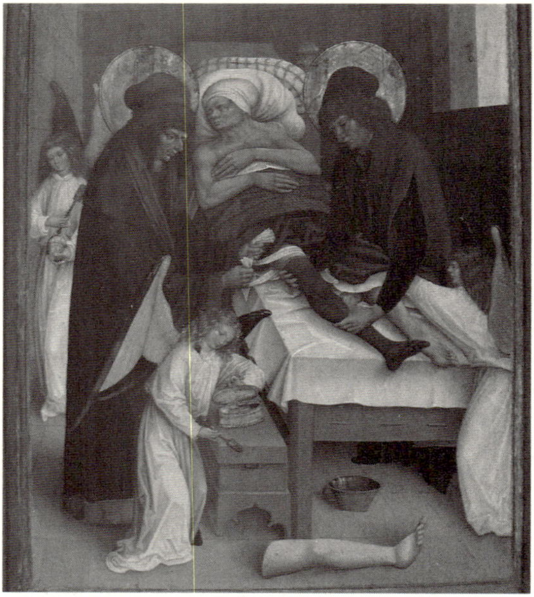

Schwarz/Weißdenken: Beintransplantation von Cosmas und Damian

fähr 300 nach Christus einem schlafenden Kranken in Syrien das verletzte Bein entfernt und durch das Bein eines Schwarzen ersetzt. Weißer Mann mit schwarzem Bein. Das kennen viele noch aus der Jugend von den Verwandten, die stark geraucht haben. Aber damals war das ein Wunder, und zwar eins, das viel hermachte …

Mit etwas Vergleichbarem müssen Sie schon aufwarten, wenn Sie einen Wunder-Standort neu eröffnen wollen. Denn bei Dutzenden von Madonnen, die jedes Jahr in Deutschland zu weinen anfangen, braucht man schon eine gute Idee für ein neues Wunder und am besten auch noch einen Heiligen, den man verehren kann. Denn Wunder und Heilige gehören stets zusammen. Aber woher nimmt man einen Heiligen?

Keine Angst, das ist gar nicht so kompliziert. Eigentlich kann jeder heilig werden. Denn Heilige werden nicht geboren, die werden hergestellt, und zwar vom Papst. Der kann Menschen heiligsprechen, was die Päpste auch immer gern gemacht haben.

Besonders Karel Woytila, Papst Johannes Paul II.: Der hat beinahe alles heiliggesprochen, was nicht bei drei auf dem Baum war, über 400 Heilige gehen auf sein Konto.

Dabei genügt nicht allein der Spruch des Papstes. Heilig wird man in der katholischen Kirche erst, wenn man ein kompliziertes Antragsverfahren durchlaufen hat. Dieses aufwendige Verfahren der Katholiken wollen wir nun an einem Beispiel erläutern: Lukas Podolski.

Der Stadtheilige von Köln: Lukas Podolski

Ist er heilig? Zunächst fällt auf: Die Worte von Lukas Podolski werden in Köln mehr gehört als die von Kardinal Meisner. Wobei man Meisner mit Podolski nicht vergleichen kann. Wenn Podolski den Mund aufmacht, kommen schlauere Sätze heraus.

Nun stellt sich natürlich die Frage: Wie wird der heilige Lukas heilig? Dafür muss er zunächst einmal ein Wunder vollbracht haben. Und das hat er. Er schaffte beim FC 24 Tore in der Saison 2004/05. Das reicht in Köln, um als Wunder zu gelten.

Neben dem Wunder muss man als Heiliger ein Martyrium überlebt haben. Das hat Podolski auch.

Quälerei: Poldi auf der Ersatzbank

Drei Jahre bei Bayern auf der Bank … Dagegen ist die spanische Inquisition entspannend.

Und schließlich müssen seine Reden auf Widersprüche geprüft werden. Und die gibt es beim heiligen Lukas nicht. Alles, was er sagt, ist glasklar. Allein für den Satz

»So ist Fußball: Manchmal gewinnt der Bessere« hat er es verdient, in den Himmel aufzufahren.

Die ganze Heiligsprechung kostet am Ende etwa 50 000 Euro. Dafür bekommt man eine Urkunde vom Papst und einen Bildteppich.

Wem das alles zu kompliziert ist, der kann natürlich auch einfach ohne Kirche ein weltliches Wunder durchziehen.

Wunder im Sauerland

Die Schlagzeilen sind eindeutig und reißerisch: »Wunderstollen in Nordenau«, »Phänomen der Wissenschaft« oder »Das Lourdes im Sauerland«, aber Theo Tommes wehrt ab. Das sei in seinen Augen kein Wunder, sondern ein natürliches Phänomen, das aus der spezifischen Situation von Schiefer, Berg und Wasser rührt. Tommes ist Hotelier und Besitzer eines vormaligen Schieferbergwerkstollens im Hochsauerland, der jährlich von Tausenden besucht wird, die hier Hilfe und Heilung erhoffen. Die Liste ihrer Leiden ist beeindruckend: Tinnitus und Schlafstörung, Herz-Kreislauf-Beschwerden, Atemwegs- und Verdauungsprobleme, Rheuma, Gelenkschmerzen oder Migräne, und so geht es weiter. Bis zu zweimal täglich besuchen sie den Stollen, mit einem Bauarbeiterhelm, weil es niedrig im Stollen

Nur mit Helm: Wunderstollen von Nordenau

ist, angezogen wie für eine Regenwanderung, weil es tropft im Stollen – und dann sitzen sie ruhig, manche eher an-, viele aber abgespannt, in den Holzliegen und starren schweigend auf die nassen Felswände.

Herman-Joseph B. aus Köln kam mit Kopfschmerz und Migräneanfällen: Heilung nach acht Stollenbesuchen. Vier Kuren hatte Peter S. aus Lindewitt schon hinter sich, bevor der von Bronchialasthma Geplagte vom Stollen erfuhr. Nach zehn Besuchen konnte er erstmals auf das Cortison verzichten, das er neun Jahre lang täglich eingenommen hatte. Seit ihrer Kindheit litt Karin E. aus Kirchhain, 53, an großer Schlaflosigkeit. Sie besuchte nur einmal den Stollen und nahm sich zwei Flaschen Stollenwasser mit. »Ich fühle mich wie neugeboren und bin wieder voller Kraft und Energie. Das Stollenwasser hat mir meine Gesundheit zurückgebracht.«

Tommes und seine Wissenschaftler sprechen von reduziertem Wasser, das sich durch aktive Wasserstoffione und -atome auszeichne. Diese haben eine hemmende Wirkung bei vielen Krankheitsbildern, weil sie die sogenannten freien Radikalen im Innern der Zellen reduzieren. Freie Radikale entstehen beim Stoffwechsel, aber auch durch äußere Einflüsse wie Alkohol, Nikotin, Ozon oder Luftschadstoffe. So weit, so gut. Aber das Nordenau-Phänomen ist mehr als die Summe physikalischer Erklärungen. Man muss den Leuten zuschauen, die mit Decken und Kanistern bewaffnet ins Sauerland pilgern und fünf Euro Eintritt bezahlen, um zu verstehen, was der berühmte dänische Atomphysiker Nils Bohr meinte, als er von einem Besucher erstaunt gefragt wurde, wieso ausgerechnet er, der Physiker, ein Hufeisen über der Tür hängen habe und ob er an so etwas vielleicht glaube. Bohr antwortete: »Natürlich nicht. Aber man hat mir gesagt, das wirkt auch, wenn man nicht daran glaubt.«

Ein anderer Teil des Nordenau-Phänomens ist indes empirisch leichter zu verifizieren. Die Gästebetten der immer weiter wachsenden Hotelanlage, die angeschlossene Medizinabteilung mit Therapiezentrum, Massage, Bad und Tretbecken, auch die Restaurants und die immer gut gefüllten Parkplätze dokumentieren eindrucksvoll gegen alle Unkenrufe von einer abgehängten Region: Das Sauerland lebt.

Der Wunderstollen in Nordenau
Land- und Kurhotel
Tommes / Talweg 14
57392 Schmallenberg-Nordenau
Tel. 02975-96220
www.stollen-nordenau.de

Wenn Sie herausfinden wollen, ob der Wunderstollen wirklich wirkt, müssen Sie sich allerdings selbst auf den Weg machen. Bildung und Wahrheit haben eins gemeinsam: Der Weg dorthin ist mitunter beschwerlich. Wie die Geschichte zeigt, in der ein alter Jude schwer bepackt durch den Bahnhof läuft und nach langem Zögern einen Mann fragt: »Was halten Sie von Juden?«

Der Mann antwortet: »Ich bin ein großer Bewunderer des jüdischen Volkes.« Der alte Jude geht weiter und stellt dem nächsten Mann dieselbe Frage. Der Mann erwidert: »Ich bin fasziniert von den Leistungen unserer Mitmenschen jüdischen Glaubens in Kultur und Wissenschaft.« Daraufhin fragt der alte Jude einen Dritten. Der entgegnet: »Ich mag Juden nicht besonders und bin froh, wenn ich mit ihnen nichts zu tun habe.« Darauf der alte Jude: »Sie sind ein ehrlicher Mann! Könnten Sie auf mein Gepäck aufpassen? Ich muss auf die Toilette.«

Langes Leben mit kurzen Beinen
Über das Lügen

Ich weiß, dass sich viele fragen: Sind die Thesen, die in diesem Buch verbreitet werden, alle wahr? Oder gelogen? Das ist natürlich ein Kernproblem des Menschen: Was kann er glauben und was nicht? Auf die Frage »Hat man Sie heute schon belogen?«, sagen fünfzig Prozent der Deutschen »Ja«. Und die anderen fünfzig Prozent: »Nein, ich war heute noch nicht auf der Bank.« Jahrelang haben die Banken uns mit ihren miesen Anlagen belogen, aber erst als die ganze Investment-Blase platzte, haben wir es gemerkt. Wieso hat keiner die Lügen der Banken früher aufgedeckt? Die Antwort: Weil wir Lügen schwer erkennen können. Das merkt man zum Beispiel bei Quizfragen. Nehmen wir mal an, es wird gefragt: Was ist ein »Pilotom«? Und die Antwortmöglichkeiten sind:

A: eine gutartige Veränderung der Netzhaut
B: ein Gerät zur professionellen Entfernung von feinsten Körperhaaren
C: ein Gerät zur Messung von Erdbewegungen beim Tunnelbau.
D: ein Fachbegriff für ein physikalisches Gesetz, das belegt, aber noch nicht bewiesen ist

Welche Antwort ist wahr, welche sind gelogen? Da gerät man ins Grübeln. Dabei ist einfach alles gelogen. Es gibt nicht mal das Wort »Pilotom«. Das ist erfunden. Aber es erscheint uns plausibel.

Die Wahrscheinlichkeit, dass eine Information, die uns erreicht, wahr ist, liegt nur bei etwa fünfzig Prozent. Lügenforscher, sogenannte Mentiologen, gehen davon aus, dass die Hälfte unserer Alltagsäußerungen komplett gelogen ist. Wir alle lügen ständig. Sechzig Prozent der Deutschen geben zum Beispiel zu, schon mal Schwarzarbeiter beschäftigt zu haben. Und zwar die anderen vierzig Prozent. Siebzig Prozent geben zu, im Bewerbungsgespräch schon mal gelogen zu haben. Und 15 Prozent geben zu, regelmäßig das Finanzamt zu betrügen. 15 Prozent! Oder wissenschaftlich ausgedrückt: die Stammwählerschaft der FDP.

Die meisten Lügen gibt es übrigens im privaten Bereich. Vor allem beim Sex. Über vierzig Prozent der Deutschen würden den eigenen Partner belügen, wenn es um Treue geht. Und über 57 Prozent der Deutschen haben beim Sex schon mal einen Höhepunkt vorgetäuscht. Sechzig Prozent der Männer sogar bei der Selbstbefriedigung. Oder wie die berühmte amerikanische Sexforscherin Shere Hite schrieb: »Lieber viermal stöhnen als die ganze Nacht diskutieren.«

Wobei Männer beim Lügen eh die größte Problemgruppe darstellen. Untersuchungen haben ergeben, dass Männer im Schnitt 220-mal am Tag lügen. Und das, obwohl sie nach einer anderen Untersuchung im Schnitt nur 170 Wörter täglich mit der eigenen Frau sprechen. Das heißt, an einem Tag zu zweit lügen Männer 220-mal in 170 Wörtern! Das ist eine große Leistung. Deshalb liegen Männer auch abends so viel auf dem Sofa. Die sind nicht faul, die sind schlappgelogen.

Frauen sind allerdings auch nicht viel besser. Sie lügen im Schnitt 180-mal pro Tag. Allerdings lügen Männer und Frauen unterschiedlich. Nach einer Studie des Psychologen Paul Ekman lügen Frauen vor allem, um andere gut aussehen zu lassen. Sie treffen zum Beispiel eine Freundin, die eine unmögliche Frisur hat, und sagen: »Das ist aber toll, so was könnte ich mit meinem Kopf nie tragen.« Frauen wollen beim Lügen meistens Harmonie herstellen und anderen peinliche Situationen ersparen. Es geht um andere. Außer in einem Bereich: beim Gewicht. Da lügen nach einer Studie 95 Prozent der Frauen. Frauen wollen beim Gewicht keinen Kontakt mit der Wahrheit, weshalb Männer die Frage »Hab ich zugenommen?« auch immer verneinen müssen. Und nicht etwa sagen: »Ja klar.« Oder: »Ach, du bist das, Liebling, ich dachte, Reiner Calmund kommt uns besuchen.« Oder: »Weiß nicht, aber geh nicht in den ersten Stock, bevor der Statiker da war.« Das wollen Frauen nicht hören. Da hören sie lieber Lügen.

Eine entscheidende Frage beim Lügen ist: Wie schaffe ich es, dass man mir eine Lüge auch glaubt? Oder kann man mich gleich als Lügner erkennen? Darüber haben sich Forscher lange Gedanken gemacht. Und tatsächlich gibt es einige Verhaltensweisen, die Lügner enttarnen: Dazu gehören zum Beispiel eine höhere Stimme oder der verlegene Griff an die Nase, was man unter anderem bei Bill Clinton beobachten konnte: Als er die Affäre mit Monika Lewinski öffentlich bestritt, haben Verhaltensforscher beobachtet, wie er sich dauernd an die Nase fasste.

Es gibt sogar Untersuchungen, die besagen, dass die Nase beim Lügen wegen der vermehrten Durchblutung durch den höheren Herzschlag ein wenig größer wird. Man könnte also in Bezug auf Clinton sagen: Die Nase des Mannes erzählt was über seinen Johannes. Das passt zu den Untersuchungen des Arztes Wilhelm Fließ aus dem Umkreis von Sigmund Freud. Er hatte ausführlich die weibliche Nase erforscht und festgestellt, dass alle Gebärmutterreflexe direkt auf die Nasenschleimhaut wirken und die Schwellkörper in Nase und Geschlechtsteil von demselben Nervensystem gesteuert werden. Was man schon ahnt, wenn man sich unsere Vorfahren, die Affen, mal genau anschaut.

Designernase aus der Tierwelt: Nasalis larvatus

Der Lügendetektor

Der Fachausdruck ist »Polygraf«, wie der Titel einer feinen Fachzeitschrift für das Druckgewerbe. Aber hier ist er wörtlich gemeint: der Vielschreiber. Der Apparat schreibt viel auf bzw. notiert unterschiedliche Kurven und Daten, die auf unsichtbare Körperreaktionen zurückgehen, welche mithilfe von Sen-

soren abgetastet und auf den Polygrafen übertragen werden. Umgangssprachlich ist das der Lügendetektor. Erfasst wird der Blutdruck am Oberarm, die Atembewegung am Bauch, die elektrische Leitfähigkeit der Haut, gemessen an der Änderung durch feuchte Hände, sowie die Durchblutung der Fingerspitzen. All dies verändert sich bei steigender Nervosität: Das Blut wird aus Armen und Beinen zurückgezogen, weil es im Hirn gebraucht wird, die Atemfrequenz erhöht sich, die Schweißdrüsen steigern die Aktivität, denn der Körper steigert in Sekundenbruchteilen seine Alarmbereitschaft. Blitzschnell muss sich das Gehirn entscheiden für Wahrheit oder Lüge.
Erfunden wurde der Polygraf Anfang des 20. Jahrhunderts von zwei Deutschen, ist vor allem in den USA verbreitet, in Deutschland aber immer noch eine Rarität. Vor allem der über 90-jährige Kölner Psychologe Professor Undeutsch ficht seit Jahren für die Popularisierung und die praktische Anwendung des Geräts. Bisher ist er vor Gericht nur zugelassen, wenn der Betroffene zustimmt, entschied der Bundesgerichtshof im Jahr 1999. Kritiker bemängeln, dass dahinter eine zu mechanistische Vorstellung vom Innenleben eines Menschen steht, also die Vorstellung, dass ein bestimmter Input zu einem messbaren Output führe und dass man den Umgang mit seinen Emotionen üben bzw. echte Reaktionen willentlich herbeiführen könne. US-Militärs zum Beispiel werden für Verhöre an solchen Geräten geschult. Kritisiert wird auch, dass der Apparat selbst keine Antworten gibt, sondern Menschen die aufgezeichneten Kurven interpretieren. Und die können sich irren, da die registrierten Reaktionen ganz andere Ursachen haben können. Es gibt nämlich kein spezifisch grafisches Merkmal für Lügen.
In Israel wurde eine andere Technik für den Lügendetektor entwickelt. Dabei wird ausschließlich die Stimme analysiert, nämlich Stimmhöhe und -frequenz, Modulation, Timbre, Stärke und einige Parameter mehr, ohne dass der Proband an das Ge-

rät angeschlossen wird. Angeblich kann an den Varianten festgestellt werden, ob eine Person die Wahrheit sagt oder nicht. Es gibt einige Detekteien in Deutschland, die, von den Israelis ausgebildet, mit diesem Gerät arbeiten, vor allem für gewerbliche Kunden zur »Aufdeckung von Schwarzarbeit und vorgetäuschtem Krankenstand«, zur Kontrolle des Personals, aber auch delikatere Aufträge nicht ablehnen wie die »Überführung von Fremdgängern«.
Inzwischen kennt man noch weitere Systeme, körperliche Reaktionen zu messen, die auf eine Lüge schließen lassen: zum Beispiel Gehirnscans. Die These ist, dass Lügen ein komplexerer Vorgang sei als die Wahrheit zu sagen und deshalb mehr Gehirnareale aktiv würden. Außerdem strenge Lügen mehr an, und dafür werde mehr Blut im Hirn gebraucht. Ein Faktum, das sich auch in der Tatsache findet, dass Männer vor allem zwei Organe haben, für deren aktive Tätigkeit sie hohen Blutbedarf haben, aber nicht genügend Blut, um beide gleichzeitig zu bedienen.

Lügen kann man also enttarnen. Aber wieso lügen wir überhaupt? Die Antwort ist einfach: Weil es zum Leben dazugehört. Die ganze Schöpfung ist voll von Lügen. Zum Beispiel beim Prinzip der Mimikry. Tiere verändern die Farbe, tarnen sich als Steine, als Blätter oder nehmen besonders grelle Farben an, um als ungenießbar zu gelten.

Doch obwohl die Lüge Teil der Natur ist, hat sie einen schlechten Ruf. In der Bibel wird sie in den Zehn Geboten von Gott verboten. Und das, obwohl er selbst die Schöpfung mit einer Lüge begonnen hat. Denn als Gott Adam erschaffen hatte, durfte der im Paradies alles essen, nur nicht von zwei Bäumen: vom Baum der Erkenntnis und vom Baum des Lebens. Das aber waren die besten! Denn wenn man vom Baum des Lebens isst, wird man unsterblich, wenn man vom Baum der Erkenntnis isst, wird man wie Gott selbst. Das wollte Gott offenbar nicht, dass ihm einer in seinen Kram reinquatscht. Mit anderen Worten: Gott wollte keinen Betriebsrat. Aber wie hat er Adam verboten, von diesen Bäumen zu essen? Er sprach: »Du darfst essen von allen Bäumen im Garten, aber nicht vom Baum der Erkenntnis, denn sonst musst du sterben.« Das war gelogen. Denn wenn man von dem Baum aß, musste man nicht sterben. Adam und Eva haben ja auch weitergelebt. Nach der Bibel wurden die beiden 930 Jahre alt. Das hat Jopi Heesters letztens noch bestätigt.

Die erste Lüge der Welt kam also von Gott selbst. Und dann ging das weiter: Die Schlange hat Eva angelogen, Eva hat Adam angelogen, Adam hat Gott angelogen, Kain hat Abel erschlagen und Gott angelogen. Petrus hat Jesus in Jerusalem vor der Kreuzigung dreimal verleugnet. Das muss man sich mal vorstellen: Dreimal von den eigenen Leuten verleugnet werden! So was kennt man sonst nur von Heide Simonis. Dennoch wurde Petrus der Stellvertreter Christi auf Erden. Wobei ja sogar das ganze Papsttum im Vatikan selbst auf einer Lüge beruht: der konstantinischen Schenkung. Ein Dokument, mit dem der römische Kaiser Konstantin angeblich dem Papst in Rom alle Macht über die christlichen Kirchen und über das ganze Abendland geschenkt hat, inklusive Grund und Boden. Die Urkunde stammt aber nicht aus der Antike, sondern ist eine Fälschung aus dem Mittelalter. Mit dieser gefälschten Urkunde hat sich der Vatikan zum Zentrum der Welt gemacht. Sonst wäre es womöglich Konstantinopel geworden, das Zentrum der Ostkirche. Ohne die gelogene Schenkung säße der Papst heute in der Türkei, und statt Hostien gäbe es Döner. Und der Petersdom wäre nicht nach Petrus benannt, sondern nach Konstantin. Der hieße dann nicht Petersdom, sondern Kondom.

Dennoch haben die Kirchen das Lügen immer wieder verboten, ebenso wie viele Theologen und Philosophen. Augustinus sagte zum Beispiel, man dürfe auf keinen Fall lügen. Aber es gab auch gegenteilige Stimmen wie den berühmten Denker Konrad Adenauer, der sagte: »Es gibt keine Notlügen. Man ist immer in Not.«

Auf die Frage »Darf man lügen oder nicht?« hat die Philosophie sehr unterschiedliche Antworten gegeben, die man in einer Formel darstellen kann:

NKF + EG + FMF – BS = MORAL

Das muss erläutert werden. Schopenhauer sagte zum Thema Lügen, man dürfe prinzipiell lügen. Es sei zwar blöd, aber man könne die Lüge nicht einfach so als unmoralisch verurteilen, schließlich komme es darauf an, wer lügt und ob man in guter oder schlechter Absicht lügt. Das meint: Wenn man prinzipiell ein netter Kerl ist und nur ausnahmsweise mal lügt, ist das nicht so schlimm. Anders, wenn ein ausgemachtes Sackgesicht lügt.

Wie meint Schopenhauer das? Stellen Sie sich mal vor, Sie wachen morgens auf und haben keine Lust zu arbeiten. Oder wie man im Rheinland sagen würden: ein ganz normaler Morgen. Wobei Sie nichts prinzipiell gegen Arbeit haben. Sie wissen: Arbeit ist grundsätzlich in Ordnung. Aber sie macht einem halt den Tag kaputt. Sie werden also wach und denken: »Ich könnt heut mal Kopfschmerzen haben.« In dem Moment, in dem Sie das denken, spüren

Sie die Kopfschmerzen auch schon – im Bein! Sie könnten jetzt in der Firma anrufen und sagen, dass Sie krank sind, und dann schön einen Tag freimachen. Das ist erst mal ein netter Gedanke eines sympathischen Menschen. Also ist nach Schopenhauer die erste Frage die nach dem »NKF«, dem Netter-Kerl-Faktor. Je netter man ist und je besser man es meint, um so eher darf man lügen. Dann stellt sich die Frage nach dem eigenen Gewinn bei einer Lüge, dem »EG«. An einem schönen Tag, an dem die Sonne scheint, ist der eigene Gewinn beim Blaumachen sehr hoch. Da ist das Lügen fast Pflicht. Was auch Nietzsche bestätigte, der sagte, dass wir lügen müssen, um uns die Welt erträglich und schön zu gestalten. Er ging sogar davon aus, die ganze Welt sei eine einzige Illusion. Ein tröstlicher Gedanke übrigens, wenn man im Fernsehen mal wieder Ronald Pofalla sieht.

Eine weitere philosophische Frage lautet: Ist der Belogene nett oder ein fieser Möpp? Also ist der »FMF« der Fiese-Möpp-Faktor. Darauf hat der Philosoph Bertrand Russel hingewiesen, der sagte, dass man sich bei jeder Lüge fragen muss, wen man belügt und ob er es verdient hat. Einen Mörder, der mit der Axt hinter einer fliehenden Frau herläuft und fragt, wohin die Frau abgebogen ist, muss man belügen. Gut, der eigene Chef ist kein Mörder. Aber nun stellen Sie sich mal vor, er wäre ein ekliger Chef, ein fieser Charakter. Also ein hoher Fieser-Möpp-Faktor. Das heißt: Man ist selbst nett, hat was vom Lügen und belügt einen Blödmann … In dem Fall ist Lügen erlaubt. Es sei denn, der Belogene erleidet einen zu großen Schaden. Den Belogenen-Schaden, »BS«, muss man von der Gesamtrechnung abziehen. Darauf hat zum Beispiel Kant hingewiesen. Der war strikt gegen das Lügen. Denn nach seinem Kategorischen Imperativ soll man anderen nur das antun, was man zu einer allgemeinen Regel machen will. Sie müssen also überlegen: Wenn Sie nicht zur Arbeit kommen, ist dann dort der Schaden groß? Oder klein? Sagen wir klein, denn wenn Sie lustlos arbeiten gehen, machen Sie vielleicht auch nicht viel mehr, als wenn Sie zu Hause bleiben. Und wenn Sie tot wären, würde es ja auch ohne Sie gehen. Also wäre in diesem Fall die Lüge absolut in Ordnung. Wenn Sie hingegen selbst ein Blödmann sind, kaum eigenen Nutzen von der Lüge haben und ihrem Chef maximal schaden: Roter Bereich! Lügen verboten!

Aber natürlich müssen Sie beim Lügen auch darauf achten, dass Ihre Lüge plausibel ist.

Strohmänner & Alibifrauen

Stefan Eiben sieht völlig normal aus, so normal wie ein Mann um die 35 hierzulande eben aussehen kann. Er kommt aus Bremen und betreibt eine Alibiagentur, eigentlich »die« Agentur. Im Netz findet man ein Dutzend einschlägiger Anbieter: Seitensprung, Ausrede, Mister Wrong, Pixel Partisan, Fremdgehen oder Notlüge nennen sich die Unternehmen. Aber meistens landet man nach einigen Klicks bei Stefan Eiben, der offenbar fast alle anderen Alibisten als Franchiser an der Leine hat. »Mit unserer Hilfe müssen Sie nie wieder Rechenschaft ablegen. Wecken Sie keine übermäßige Eifersucht, gehen Sie ungestört Ihren Wünschen nach und genießen Sie das Leben!« Stefan Eiben ist freundlich, auskunftsbereit, nimmt sich Zeit. Anscheinend hat das Geschäft vor allem mit Sex zu tun: Fremdgehen und Seitensprung sind ja offensichtliche Angebote. Aber Stefan Eiben wehrt ab: »Höchstens ein Drittel, viel mehr Geschäft und andere Privatangelegenheiten.« An Feiertagen wie Ostern hat er daher besonders viel zu tun. Ein Ehepaar, erzählt er zum Beispiel, hat überhaupt keine Lust, bei den Schwiegereltern die Feiertage zu verbringen, kann aber nicht einfach absagen. Es winkt noch eine Erbschaft. Also erfindet Stefan Eiben einen unumstößlichen Geschäftstermin, eine internationale Konferenz. Er sichert den Fakt mit einem Eintrag im Internet ab, die Agentur organisiert eine Rückrufnummer mit Firma und Hotel, sogar eine Grußpostkarte aus dem betreffenden Alibiort erhalten die Schwiegereltern, mit schönen Ostergrüßen.

»Genießen Sie das Leben!«
Zu Besuch beim Alibimann

Alle Leistungen Eibens sind festgelegt: die telefonische Bestätigung (39 €), eine Einladung zu einer Veranstaltung ohne (49 €) und mit telefonischer Erreichbarkeit (99 €). Hotelbuchung auf einen Musternamen, Stundenzimmer bzw. Stundenhotel, dazu Fleuropservice oder Postkarten und Briefe aus der ganzen Welt (ab 9 €). Die Agentur stellt aber auch einen Strohmann (249 €), und als Dauerleistung organisiert sie das permanente Alibi (349 € monatlich). Doch wer braucht das schon? Stefan Eiben erzählt von einer jungen Frau – Kind, alleinstehend, Arbeit als SM-Fachkraft tagsüber –, die nicht möchte, dass die Freunde ihres Kindes, der Kindergarten, die Nachbarn usw. von ihrem Job erfahren. Dafür strickt er ein Daueralibi mit Arbeitgeber, den man jederzeit anrufen kann – die Frau ist natürlich im Moment nicht da, ruft aber bald zurück –, mit Internetauftritt, wenn nötig mit Kollegen, die auf Wunsch auftauchen, Tagungen und allem, was das normale Berufsleben so kennt. »Seit über sechs Jahren leisten wir Alibis, Notlügen und Ausreden, stellen Strohmänner oder klären Missverständnisse auf. Führen Sie Ihr Leben mit dem nötigen Freiraum.«

Für Eiben ist Lüge kein Thema. Juristisch sichert er sich ab, da alle justiziablen Risiken der Kunde übernimmt. Und die Frage der Moral muss sowieso der Auftraggeber beantworten. Die Geschäftsidee war zunächst in den USA populär und breitet sich in Frankreich und Deutschland rasant aus. Sozialpsychologen sehen darin ein Zeichen der fortschreitenden Amerikanisierung. »Die Schande wiegt in Amerika viel schwerer als eine Lüge«, findet die Autorin einer Studie zur Psychologie der Lüge heraus: »Wer eine Alibi-Agentur benutzt, bürdet seine Schande einem Dritten auf.« Oder in den Worten Stefan Eibens: »Sicher haben wir auch für Sie die perfekte Lösung und freuen uns über Ihre Kontaktaufnahme.«

Alibi-Agentur
Stefan Eiben, Bremen
www.alibi-profi.com

Je schlüssiger und logischer eine Lüge klingt, umso eher glaubt man sie. Wir sind bereit, auch das Unglaubliche für wahr und richtig zu halten, wenn es uns einigermaßen plausibel dargeboten wird. Wie sehr unser Gehirn falschen Belegen auf den Leim geht, konnte man zum Beispiel nach dem 11. September beobachten: Da geschah die Katastrophe in New York, und es dauerte keinen Tag, bis die ersten Verschwörungstheorien aufkamen, die von vielen geglaubt wurden. Zum Beispiel, dass es sich bei der

Katastrophe nicht um ein normales Ereignis, sondern um ein von höchster Stelle geplantes Geschehen gehandelt habe.

Was gab es da an Rechnungen! Allein um die Zahlen neun und elf. Und es klang auch alles bestechend: 11 ist die Quersumme des Datums 11.9., das erste Flugzeug, das in die Türme flog, hatte die Flugnummer 11, an Bord waren 92 Passagiere: Quersumme 11. In der zweiten Maschine saßen 65 Passagiere: Quersumme 11. Die Begriffe »New York City«, »Afghanistan« und »George W. Bush« haben jeweils 11 Buchstaben. Und hatten nicht die Twin Towers die Silhouette einer 11? Das sagt uns doch was, oder? Da ist unser Gehirn bereit, an einen Zusammenhang zu glauben, obwohl da keiner ist. Man könnte auch beweisen, dass nicht die al-Qaida für den 11. September verantwortlich war, sondern Florian Silbereisen. Ja, ist Ihnen das noch nie aufgefallen? Das Wort »Silbereisen« hat 11 Buchstaben. Er ist »Moderator«. Das Wort »Moderator« hat 9 Buchstaben. Viele sagen auch, er sei ein Sackgesicht. Und? »Sackgesicht« hat 11 Buchstaben. Das ist aber nicht alles. Seine erste Fernsehmoderation hat er als Nachfolger von Carmen Nebel gemacht. Wie viel Buchstaben hat »Carmen Nebel«? 11. Sein erster Studiogast war »Stefan Mross«. Wie viele Buchstaben? 11! Außerdem waren in der ersten Sendung die Wildecker Herzbuben. »Wildecker« hat wie viele Buchstaben? 9! Und »Herzbuben« auch. Macht zusammen 18. Quersumme? 9! Dann kam Silbereisen in der ARD groß raus. Wie viele Sendeanstalten hat die ARD? 11! Silbereisen hat bislang 11 Platten rausgegeben, und sein erster Top-Hit war das Lied: »Lustig samma«. Und jetzt schnallen Sie sich an: Das war der 11. Titel auf der Platte. Die ist erschienen am 18.4.97. Wenn man 18, 4 und

97 zusammenrechnet, ergibt das was? 119. 11 und 9 also. Quersumme wieder 11! Wie viele Buchstaben hat »Lustig samma«? Genau 11. Und jetzt kommt die Verbindung zum 11. September. Silbereisen ist nicht lustig. Der ist 'ne Evolutionsbremse. Also ersetzen wir das Wort »lustig«. Aber wodurch? »Lustig« hat 5 Buchstaben. Silbereisen hat 11. Macht zusammen 16. Was ist der 16. Buchstabe des Alphabets? Das O. Wenn wir also das Wort »lustig« durch den Buchstaben »O« ersetzen. Dann heißt es nicht mehr »Lustig samma«. Sondern … »O-samma«. Und wem jetzt kein Licht aufgeht, der will die Zusammenhänge nicht sehen! Oder entdeckt jemand einen Fehler?

Wer sich an falsche Vorstellungen gewöhnt,
dem wird jeder Irrtum willkommen sein.

So sagt Goethe und hat mal wieder recht. Man kann sich an die Lüge so gewöhnen, dass sie Realität wird. Das sieht man schon an unserer Geschichte. Wie viele Lügen haben den Lauf der Weltereignisse beeinflusst? Der Vietnamkrieg begann mit einem angeblichen Angriff auf amerikanische Schiffe, der Zweite Weltkrieg mit der Lüge vom Überfall auf den Sender Gleiwitz. Auch die vermeintlichen Massenvernichtungswaffen des Irak sind noch im Gedächtnis. Diese Lügen haben die Realität beeinflusst und unsere Sicht auf die Welt. Wir konstruieren uns eine Gegenwart, die mit der Wahrheit wenig zu tun hat.

Römer go home
Über die Germanen

Oft konstruieren wir uns sogar eine Vergangenheit, die völlig erstunken und erlogen ist. Geschichtliche Ereignisse und Personen werden so gedeutet, wie sie uns passen. Auch wenn sie in Wirklichkeit ganz anders waren. Dies kann man gut an den Feierlichkeiten zum 2000. Jahrestag der Schlacht im Teutoburger Wald sehen, bei de-

nen historische Wahrheit und Lügenmärchen feierlich Hand in Hand gehen. Aber holen wir etwas weiter aus: Oft stellt sich ja die Frage, welches Land für die Weltgeschichte das wichtigste ist. Was ist die Wiege unserer Kultur? Über Jahrhunderte haben wir Deutsche darauf eine Antwort gegeben. Das ist Ostwestfalen. Denn da fand die Hermannsschlacht statt. Oder wie Historiker sagen: Das letzte Mal, dass in der Gegend überhaupt was los war. Wie kam es eigentlich zu der Schlacht? Und worum ging es überhaupt? Dazu muss man sich zunächst einmal die Lage in Deutschland um das Jahr 9 n. Chr. vergegenwärtigen.

Das Land war damals geteilt, und zwar genau dort, wo es eh am meisten Sinn macht: am Rhein. Links war das Römische Reich. Da hatten es sich die Römer gemütlich gemacht und später ihre Städte gebaut. Trier, Bonn oder das römische Köln.

Auf der anderen Seite des Rheins hingegen hockten die Germanen. Wobei es ein Volk der Germanen eigent-

Aufforderung zur Hausarbeit: Roland, hoch!

lich gar nicht gab, sondern etwa 1000 unterschiedliche Stämme, die nichts miteinander zu tun hatten. Es gab die Langobarden, die so hießen, weil sie lange Bärte hatten, die Friesen, die Cherusker oder die Chatten. Das waren die Vorläufer der Hessen. Weshalb man in Hessen auch heute noch den Mann mit dem größten Schatten zum Ministerpräsidenten wählt.

Die Germanen waren zersplittert in Bundesländer, wie wir das heute auch noch kennen: Schleswig-Holstein hat nichts mit Sachsen zu tun, und wenn man in Bayern die AOK-Rückenschule abgeschlossen hat, gilt das in Bremen als Abitur.

Die Römer hingegen nannten die Völker jenseits des Rheins pauschal einfach nur »Germanen«. Für sie waren das alles Barbaren, die den ganzen Tag soffen, in Fellen rumliefen und zu doof waren, ein Loch in den Schnee zu pinkeln. Aber das stimmt nicht. Die Germanen trugen keine Felle, sondern Hosen, Hemden und Kleider, an denen besonders die Schnallen von Bedeutung waren. Die Gürtelschnallen zeigten bei den germanischen Stämmen den sozialen Rang des Trägers. Wer eine niedrige Position hatte, bekam eine kleine Gürtelschnalle, woher vermutlich der Begriff herrührt: »Der schnallt nix.« Die hohe

Abschreckend?
Germane mit Speer

Position wurde wiederum durch besonders prachtvolle Schnallen angezeigt. Weshalb Männer auch heute noch die Frauen der Kollegen taxieren: »Der hat eine Super-Schnalle.«

Auch das Wort »Tussi« verdanken wir den Germanen. Die Frau von Arminius dem Cherusker hieß Thusnelda, und als Kleists ödes Drama »Die Hermannsschlacht« bei den Nazis Pflichtlektüre in der Schule wurde, galt Thusnelda bei den Schülern als Inbegriff der nervenden und blöden Ehefrau, weshalb sie »Tussi« genannt wurde. Dabei sahen die germanischen Frauen gar nicht aus wie Tussis. Die Frauen trugen in der Regel lange Röcke in bunten Farben. Die Männer hatten grundsätzlich einen Holzspeer dabei zur Abschreckung.

Später wurde der eine Speer bei den Germanen durch einen zweiten ersetzt. Was dann noch abschreckender wirkte.

Speerspitze der Abschreckung: Nordic Walker

Neben den Waffen spielte auch das Bier eine große Rolle für die germanische Kampfkraft. Es galt als kraftsteigerndes Dopingmittel für die Krieger. Vor allem das Honigbier Met, das in großen Mengen getrunken wurde. Bei Ausgrabungen fand man zum Beispiel bei den Sueben, also den Vorläufern der Schwaben, Trinkhörner mit 13 Litern Volumen. 13 Liter Bier! Oder wie der berühmte Schwabe Gerhard Mayer-

Vorfelder sagen würde: Zweites Frühstück. Die Germanen glaubten, das Bier käme direkt von den Göttern und hätte magische Wirkung. Es galt daher auch als Ursprung der Dichtkunst. Die Germanen glaubten, mit 13 Litern Met würden Gedichte besser. Ein Glaube, der heute noch im Kölner Sitzungskarneval gelebt wird. Das Saufen in den Sitzungssälen ist eine germanische Tradition, um sich die banalen Büttenreden intelligentzusaufen.

Womit wir auch schon bei der germanischen Religion wären, die im Wesentlichen aus vier Göttern bestand. Der Hauptgott der Germanen war Wotan oder Odin, der die Schlachten entscheiden konnte. Dann gab es den Kriegsgott Tyr. Wotans Frau war die Fruchtbarkeitsgöttin Freya, und dazu gab es noch Wotans Sohn, den Donnergott Thor. Vier Götter, die heute noch überlebt haben: In unseren Wochennamen. Die Germanen benannten die Tage nach Göttern: Nach Wotan, den Wotanstag, den man im Englischen heute noch als Wednesday kennt, nach Freya den Freitag, nach Tyr den Dienstag, auf Englisch Tuesday, und nach Thor den Donnerstag, auf Englisch Thursday. Thor gehörte erst der Samstag, weswegen man auch heute noch samstags im Radio ruft: »Tooor in Dortmund« – eine germanische Tradition.

Daneben gab es weitere Götter. Tacitus berichtete von der Erdgöttin Nerthus, für die es einen besonderen Kult gab. Sie wurde als Steinfigur auf einem Wagen in einen Hain gefahren und war dabei ständig von einem Tuch bedeckt. Diese Tradition hat sich bei uns Deutschen auch bis heute erhalten, wenn wir im Urlaubshotel das Handtuch auf die Liege am Pool legen – ein Relikt aus dem Nerthus-Kult, den wir noch in den Genen haben. Da geht es nicht um den Platz am Pool, es geht um die Anbetung der Erde, war doch der germanische Glaube im Kern eine Naturreligion. Die Germanen verehrten Bäume und Hirsche. Sie lebten mit der Natur, weswegen sie sich bei der Schlacht im Teutoburger Wald auch besonders gut auskannten und die Römer vernichtend schlagen konnten.

Denn noch heute stellt sich die Frage: Wie konnten die Germanen die übermächtige römische Militärmacht überhaupt besiegen? Der römische Feldherr Varus war zu einem Einsatz unterwegs auf der anderen Rheinseite, weil es im Emsland Unruhen gab. Als Unruhe gilt im Emsland aber traditionell schon, wenn einer drei Sätze hintereinander sagt. Es war also eigentlich nichts los. Deshalb wollte Varus mit seinen drei Legionen, also insgesamt 20 000 Soldaten, schnell wieder zurück auf römisches Gebiet, hat sich dann aber verlaufen und wurde im sumpfigen Wald von den Germanen aus dem Hinterhalt überfallen und vernichtend geschlagen. Und das unter dem Anführer Arminius! Arminius war vom Stamm der Cherusker und in Rom ausgebildet worden. Den hatten die Eltern dahin ins Internat geschickt, damit er was lernt. Im Ausland waren die Schulen nämlich damals schon besser als bei uns. Und Italien war so gut in der Pisa-Studie, dass sie sogar eine ganze Stadt danach benannt haben.

So ging Arminius dorthin und machte in Rom Karriere. Er sprach fließend Latein, war zeitweise sogar als Anführer römischer Truppen aktiv und mit Varus persönlich befreundet. Aber dann wandte er sich gegen die Römer und griff sie aus dem Hinterhalt an. Man kann also sagen: Der große Arminius war ein Verräter und hinterhältiger Halunke, der die germanischen Stämme für den Schlag gegen Rom zusammenführte. Und warum? Weil die Germanen keine Lust hatten, Steuern an Rom zu bezahlen. Arminius war also eigentlich kein Held, sondern ein Typ, der die Seiten wechselte und null Prozent Steuern wollte. So eine Art Guido Westerwelle der Antike. Und die Germanen waren im Prinzip so was wie eine frühe FDP. Deshalb verehrten sie auch Baum und Hirsch. Die beiden einzig seriösen Politiker, die diese Partei jemals hatte. Hildegard Hamm-Brücher sei auch noch erwähnt, ist aber ausgetreten.

Die Germanen siegten also im Teutoburger Wald, und Arminius schickte den abgeschlagenen Kopf des Varus, der sich selbst erdolcht hatte, zum Kaiser Augustus nach Rom. Der Kopf des Feindes war der Beweis, dass die Germanen die Schlacht gewonnen hatten. Das war eine gute Bewertung. Weshalb es in Bundesländern, in denen sich das Schulsystem seit der Germanenzeit nicht verändert hat, auch heute noch Kopfnoten gibt.

Für die Römer war diese Schlacht natürlich ein Desaster. Als Kaiser Augustus von der Niederlage erfuhr, schlug er mit dem Kopf gegen die Wand – mit seinem eigenen. Er schrie nur: »Varus, Varus, wo sind meine Legionen?« Und von dem Tag an beschlossen die Römer, Germanien nicht mehr einzunehmen, und bauten eine Mauer, einen antigermanischen Schutzwall: den Limes.

Wochenendrömer

Südlich von Bad Hönningen, jenseits des Industriegebiets auf dem Gebiet von Rheinbrohl, stößt man auf eine Rückstandshalde der Firma Solvay Strontium GmbH. Und wenn man einmal um den Zaun herumgewandert ist, erblickt man plötzlich einen römischen Wachturm. Er ist rekonstruiert, sieht aber authentisch aus und dokumentiert augenfällig ein Grenzbauwerk hier am Rhein, genau gegenüber des Vinxbach auf der anderen Rheinseite. Das ist der nördlichste Punkt des Limes, einstmals der legendäre Schutzwall der Römer, der sich mehr als 500 Kilometer lang, von der Donau herauf durch Franken, am Main entlang über Taunus und Spessart, bis hier an den Rhein zog. Ursprünglich war der Limes nur eine durch Holztürme bewachte Schneise, die später durch vorgelagerte Palisaden, Wall und Graben ausgebaut und durch Steinbauten verstärkt wurde.

Nun darf man sich diesen Limes, der mehr als 200 Jahre existierte, nicht als Schutzwall wie die chinesische Mauer oder als Grenzsicherung gegen Einwanderer wie im Süden der USA vorstellen. Der Limes war mehr Grenze als Wall, wurde sehr flexibel gehandhabt und den jeweiligen ökonomischen oder auch politischen Verhältnissen angepasst. Er diente vor allem der Beaufsichtigung der im Umfeld siedelnden Bevölkerung, war durchlässig für Händler und Handwerker, wie auch die Besatzungen der Wachtürme und Grenzstationen sich meist aus germanischen Hilfstruppen rekrutierten. Damit aber wurde der Limes zur kulturellen Scheidelinie, zur Markierung zwischen der antiken Zivilisation mit Steinbauten, Bädern, Kultur und urbanen Strukturen am Rhein und dem bäuerlich geprägten Leben der Germanen. Oder wie es der römische Kaiser Ju-

Die Mauer muss weg:
Stankowski am Limes

lian (332–363 n. Chr.) drastisch ausdrückte: »Wein duftet nach Nektar, Bier aber stinkt nach Bock.«
Exakt an dieser vormaligen Grenzlinie wurde Anfang 2009 eine neue Römerwelt eröffnet, mit Ausstellungen, Werkstätten, römischen Nachbauten und Geräten, um das Leben der Römer und demnächst auch der Germanen augenfällig zu dokumentieren. Dieses Erlebnismuseum organisiert eine Fülle von Angeboten und Veranstaltungen von Limeswanderungen über Handwerkermärkte bis zur Einführung in die antike Astronomie.
Herz und Arm der Anlage ist Kuno Menchen. Rein optisch könnte er auch als ugurischer Leibwächter durchgehen, der mit einem reichen Russen im Westen unterwegs ist. Aber Kuno Menchen ist Rheinländer, wiegt geschätzte 120 Kilo, ohne ein Gramm Fett zu viel, trägt Glatze und gibt den Profirömer. Seine Spezialität ist die Rekonstruktion antiker Werkzeuge und Maschinen. Als gelernter Steinmetz hat er sich auf das Hauen von römischen und mittelalterlichen Getreidemühlen spezialisiert, auf die kleinen, die eine römische Militäreinheit mit sich führte, sozusagen für den Haus- oder besser Feldgebrauch, wie auf die großen für die Garnisonen. Ebenso hat er sich mit römischen Waffen beschäftigt, authentisches Werkzeug hergestellt, Weihesteine und Inschriften. Das Eindrucksvollste ist eine wuchtige Ramme, die in der RömerWelt vorführt, wie diese die dicken Eichenbalken in den Rhein getrieben haben, als Pfeiler für ihre erste Brücke, die sie ein wenig weiter südlich im Neuwieder Becken über den Rhein geschlagen haben.
Die RömerWelt ist eine wunderbare Spielwiese mit Festen und Feiern, Kämpfen und Saufen zwischen handwerklichen Fertigkeiten und waffenstarrender Protzerei, eine Art antikisierender Abenteuerspielplatz. Gleichzeitig aber auch ein Erlebnispark für alle Altersgruppen, Kinder, Jugendliche, Erwachsene und Rentner, und – selten genug – für alle gemeinsam. Und es ist

gleichzeitig ein Ort des Lernens und Wissens, der sich zwar mit der Geschichte beschäftigt, aber nolens volens auch für die Gegenwart fit macht. Wenn es ihn nicht schon gäbe, man müsste ihn erfinden.

RömerWelt am Caput Limitis
Arienheller 1 / 56598 Rheinbrohl
www.roemer-welt.de

Durch den Limes war Deutschland damit zum ersten Mal geteilt, das führte zum Wohlstandsgefälle: Die Römer waren den Germanen wirtschaftlich weit überlegen. Städte mit Wasserleitungen und Klos, Orangen, Oliven, Wein und Auberginen gab es bei den Römern. Ein Blick über den Limes war für die Germanen so etwas wie Westfernsehen, und lange Zeit blieben die Völker voneinander getrennt.

Erst später mischten sie sich dann, durch die Völkerwanderung: Schon im Jahr 166 n. Chr. wurde der Limes vom germanischen Volk der Markomannen durchbrochen. Damals konnten die Römer die Germanen noch zurückschlagen. Aber hundert Jahre später gelang dies nicht mehr. So überschritten die Franken und die Alemannen den Limes und zogen weiter durch Gallien bis nach Spanien. Wodurch dann auch das Lied entstand: »Mit Allemann nom Ballermann«. Dann kamen die räuberischen Hunnen aus dem Osten nach Europa und wollten den Germanen an die Schätze. Weshalb Völker, die in Scharen aus dem Osten kommen, heute noch Begrüßungsgeld bekommen, das »Hunni« heißt. Trotzdem flohen die germanischen Völker, zuerst die Goten, vor den Hunnen: Sie drangen ins Römische Reich ein. Den Goten folgten die Vandalen, dann die Burgunder, die Alanen und schließlich die Langobarden. Die Langobarden ließen sich dann in Italien in einer Gegend nieder, die immer noch nach ihnen benannt ist: die Lombardei. Die Goten und die Alanen gingen bis nach Spanien, wo aus »Got« und »Alanien« »Gotalanien«, also »Katalanien« wurde. Andere zogen noch weiter in den Süden und bezeichneten sich selbst als »landlos«, woraus das Wort »Andalusien« entstand. Und schließlich zogen noch die Angeln und die Sachsen nach England und breiteten sich dort aus. Sachsen, die sich im Westen ausbreiten: Das war so eine Art frühe PDS. Weshalb es in England auch heute noch Linksverkehr gibt.

Am Ende brach das Römische Reich durch die Völkerwanderung schließlich zusammen – leider ein bisschen zu spät. Denn als die Germanen in Rom einfielen, war Rom schon christianisiert. Der römische Kaiser Konstantin machte 312 das Christentum zur Staatsreligion. Das muss man sich mal vorstellen: Wären die Germanen ein paar Jahre früher nach Rom gekommen, wäre Rom wahrscheinlich nicht christlich, sondern germanisch geworden. Dann feierten wir heute nicht Christi Himmelfahrt, sondern German Wings. Dann wäre womöglich Arminius der Prophet geworden und nicht Jesus. Und statt an die katholische Kirche glaubten wir an Arminia Bielefeld. Nun ja, heute sind beide auf dem absteigenden Ast. So bleibt an Arminius nur die Erinnerung und nicht einmal die. Arminius wurde, wie alle deutschen Feldherren, irgendwann größenwahnsinnig und von seinen Verwandten ermordet.

Jahrhundertelang erinnerte sich dann kein Mensch mehr an ihn. Bis im 15. Jahrhundert eine Handschrift von

Tacitus' »Germania« wiedergefunden wurde, die Arminius wieder bekannt machte. Bei Tacitus wurde er »Dux belli«, also »Kriegsführer« genannt, was Martin Luther dann mit »Heer-Mann«, also der Mann vom Heer übersetzte. Seitdem heißt Arminius Hermann, ein Name, der eine freie Erfindung ist. Ebenso wie die Idee, Arminius sei der Befreier Deutschlands gegen die bösen Römer gewesen. Denn zu Arminius Zeiten gab es gar kein Deutschland, sondern nur tausend Stämme, die sich überhaupt nicht als Einheit fühlten.

Dennoch wurde Arminius zum Nationalhelden: 1875 wurde für ihn in Detmold das Hermannsdenkmal eingeweiht, ein 26 Meter hoher Koloss. Das Schwert in die Luft gereckt, zertritt Arminius mit dem Fuß den römischen Adler und ein Rautenbündel, während das ganze dicke deutsche Ding auf einem Sockel steht, der zwar gotische Spitzbögen aufweist, aber im Ganzen die Form eines römischen Rundtempels hat. Weil sogar die debilen Hermannfans im 19. Jahrhundert eingesehen hatten: So deutsch Arminius auch war, die römische Kultur ist doch irgendwie schöner. Spätestens mit dem Denkmal wurde Arminius endgültig zur deutschen Heldenikone. Vor allem bei den Nazis, die ihn als Symbol des starken Germaniens gegen das verweichlichte Welsch-Land sahen. Wobei die starken Deutschen mit Arminius als mythischem Superhelden zwei Weltkriege verloren. Denn schaut man in die deutsche Geschichte, sieht man: Der erste wirklich große Sieg der Germanen nach der Varusschlacht war die Fußballweltmeisterschaft 1954. Das heißt, eigentlich sollte man Hermann in Detmold verschrotten und den ersten wahren deutschen Helden auf den Rundsockel schrauben: Sepp Herberger.

Herberger auf einem Denkmal? Das scheint vielen unpassend. Aber gerade das Unpassende macht Zusammenhänge oft klar. Deshalb passen Bildung und Humor ja so gut zusammen. Wenn man lacht, hat man hat das Gehirn aktiviert.

Ich liebe mir den heitern Mann
Am meisten unter meinen Gästen:
Wer sich nicht selbst zum besten geben kann,
Der ist gewiß nicht von den Besten.

Das wusste Goethe, denn wer lacht, hat meistens etwas verstanden.

Der Orgasmus des Zwerchfells
Über das Lachen

Wir lachen, wenn in unserem Gehirn unstimmige Informationen eingehen. Der Boxer Peter Müller zum Beispiel haut nicht den Gegner, sondern den Ringrichter k.o. Oder Stan Laurel wirft Oliver Hardy eine Sahnetorte ins Antlitz.

Stünde die Torte auf dem Tisch, wären die Informationen korrekt, und niemand würde lachen. In der Natur lacht nur der Mensch. Obwohl Tieren auch Pleiten, Pech und Pannen passieren, lachen sie in der Regel nicht. Das ist immerhin erstaunlich, geht doch das Lachen auf unsere tierischen Vorfahren zurück. Unser Lachen kommt mimisch vom Zähnezeigen, einer Drohgebärde des Affen …

Drohgebärde beim Zahnarzt: Schimpanse

Aber auch bei anderen Lebewesen auf der gleichen evolutionären Stufe taucht es auf ...

Der Bonobo unter den Tonsetzern: Bohlen

Äußeres Grundmerkmal des Lachens sind die Mundwinkel. Sind sie nach unten gezogen, haben wir kein Lachen ...

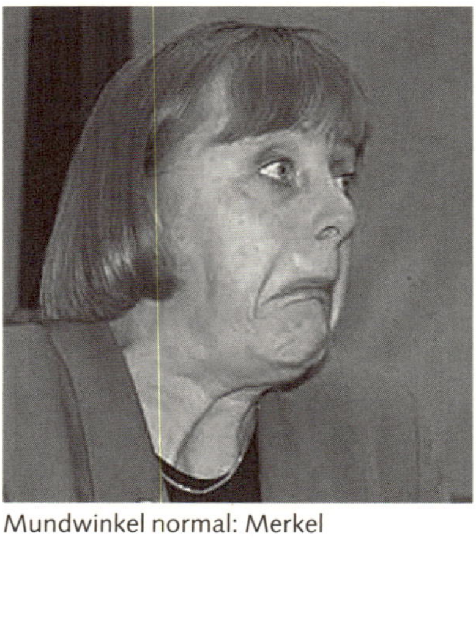

Mundwinkel normal: Merkel

Dreht man die Mundwinkel aber um, hat man das Gefühl: Da kann Carla Bruni einpacken!

Mundwinkel im Wahlkampf: Merkel

Die hochgezogenen Mundwinkel sind aber nicht das Einzige, was beim Lachen mit dem Körper passiert. Beim Lachen kommt es zu einem reflexhaften, durch die Empfindungsnerven des Gehirns übermittelten Reiz, der dadurch ausgeglichen wird, dass er auf die Nerven der beim Lachen in Kontraktion versetzten Muskeln übertragen wird. Interessant ist auch die Atmungsbewegung, bei welcher das Ausatmen in mehreren schnell hintereinanderfolgenden Stößen unter mehr oder weniger starkem Schall ausgeführt wird.

Es kann dazu auch zur Schnappatmung kommen, dem sogenannten Herzinfarkt-Lacher, aber auch zu einem Giggeln, einem glucksenden Kichern, einem blökenden Röhren und einem dreckigen Hinausposaunen. Das Ganze ist verbunden mit albernen Bewegungen, die den gesamten Körper betreffen.

Beim Lachen werden über achtzig Muskeln am ganzen Körper in Bewegung gesetzt. Davon allein 17 im Gesicht. Während andere Muskeln geschwächt werden. Zum Beispiel die Muskeln, die den Verschluss der Blase kontrollieren – man bepisst sich vor Lachen –, oder die Muskeln der Beine und des Halteapparats des Oberkörpers. Wir können dies an diesem anatomischen Bild einer der bekanntesten deutschen Comedy-Truppen gut sehen: Beim Mann links erkennen wir die Anspannung aller 17 Gesichtsmuskeln, wodurch er im Mundraum ein wenig wie das Niedersachsen-Pferd beim Sex aussieht. Er denkt: »Ich lach mich kaputt, die Spackos haben mich echt gewählt.« Der Mann rechts hat durch das Lachen eine Schwächung der Oberkörper-Haltemuskulatur. Er denkt: »Wenn die Idioten wüssten, dass ich eh bald die Linkspartei aufmach!« Und der Mann in der Mitte spielt mit der Hand Hosentaschenbillard und denkt: »Hoffentlich merken die anderen Idioten nicht, dass ich die Hose schon vollhab.«

Schwächung der Muskulatur: Comedy-Trio

Das alles erfolgt im Reflex. Denn das Lachen kann man nicht verhindern. Es bricht aus und ist ebenso unwillkürlich und reflexhaft wie ein Niesen oder der Orgasmus. Und da gibt es sogar akustische Zusammenhänge zwischen Lachen und Orgasmus.

Das alles kann uns helfen, das echte Lachen vom falschen zu unterscheiden. Wenn ein Mensch echt lacht, erkennt man das an den zugekniffenen Augen und den Falten am Augenrand, den Krähenfüßen. Die Tränensäcke treten heraus, die Wangen blasen sich etwas auf, der Hals schwillt an. Kurz gesagt, der echte Lacher bekommt ein Sackgesicht.

Ansteckend: ein echter Lacher

Im Vergleich dazu mal ein Sackgesicht mit falschem Lachen …

Kann alles, außer
hochdeutsch lachen: Oettinger

Sie sehen: Der Mund ist künstlich nach oben gezogen, die Augen lachen nicht mit. Das ganze Gesicht sagt nicht: »Ich habe Spaß.« Sondern: »Wartet ab, ihr Hackfressen, wenn ich mal Bundeskanzler bin, müsst ihr alle Schwäbisch lernen.«

Aber zurück zur Medizin: Der Auslöser des Lachens findet im Gehirn statt. Und zwar im Stammhirn. Denn Untersuchungen haben gezeigt, dass das Lachen in einer Hirnregion ausgelöst wird, die älter ist als das Sprachzentrum. Das heißt, Lachen ist entwicklungsgeschichtlich sehr alt und nicht an Sprache gebunden. Was man auch an Babys beobachten kann, die vor dem Sprechen schon lachen können und Humor verstehen.

Bei Säuglingen reicht schon ein simples Geräusch wie »Buh!«, um Gelächter auszulösen. Ein Phänomen, das heute ethnologisch nur noch beim Rheinländer bekannt ist, der auch auf ein Geräusch mit spontanem Lachen reagiert. Auch bei einer Karnevalssitzung gibt es eigentlich keinen Witz, der Tusch signalisiert aber, dass gelacht werden muss.

Aber warum gelacht wird, ist eigentlich egal. Hauptsache, es wird gelacht. Denn Lachen ist erwiesenermaßen gesund. Es gibt sogar Lachen als Therapie. Im Lachyoga. Da stellt man sich in den Kreis und fängt einfach an zu lachen. Ohne Anlass. Aber dadurch wird die Immunabwehr angeregt, das Herz-Kreislauf-System gestärkt, Schlaganfälle werden verhindert und sogar die Krebshäufigkeit wird vermindert. Einfach durch lautes, grundloses Lachen.

Es gibt aber auch das Lachen mit Grund. Die Frage ist nur: Worüber lacht der Mensch? Dafür müssen wir mal zurückgehen zu den Griechen. Die Griechen haben sich natürlich auch mit dem Humor beschäftigt. Zum Beispiel Platon. Platon, der wichtigste Philosoph der Antike, hat ganze Abhandlungen über die Schädlichkeit des Lachens geschrieben und damit viele Denker des Abendlandes beeinflusst. Platon war für die europäische Kulturgeschichte die Spaßbremse Nummer eins. Der Erfinder der schlechten Laune. Ein absoluter Fun-Blocker. Platon hatte vor allem etwas gegen den Humor einzuwenden, weil er meinte, dass sich das Lachen immer gegen andere richte. Man lache über andere, weil man sich überlegen fühle. Das ist die Verbindung zur Drohgebärde des Affen und zeigt sich in den zahllosen Blondinenwitzen. Hier lachen wir, weil wir uns der Blondine überlegen fühlen. Weil die so doof ist. Witze über bestimmte Gruppen zementieren das Selbstbild. Britische Psychologen haben 80 Blondinen zusammengesucht, ihren IQ gemessen und sie dann in zwei Gruppen aufgeteilt. Einer Gruppe hat man dann Blondinenwitze vorgelesen, der anderen nicht, und danach wieder den IQ gemessen. Die Blondinen, die die Witze gehört hatten, waren hinterher doofer als vorher. Blondinen sind also eigentlich nicht doof. Wir lachen die doof.

Der Philosoph Demokrit hingegen war das bekannteste Mitglied der griechischen Spaßfraktion. Neben Costa Cordalis. Demokrit war der große Philosoph des Lachens. Vor allem lachte er über Platon und dessen Humorlosigkeit. Denn Platon hing eigentlich den ganzen Tag mit Pisslaune in der Schreibstube und studierte. Er war ein sogenannter »Scholasticos«, ein Gelehrter. Demokrit hingegen machte heftige Witze, die dann in der Antike in einem Witzheft gesammelt wurden. Das heißt »Philogelos«, Freund des Lachens. Und darin waren vor allem Jokes über Gelehrte … Wie etwa der: »Kommt ein Mann zum Gelehrten und sagt: ›Boh, wenn ich morgens aufstehe, ist mir erst mal eine halbe Stunde schwindelig‹. Sagt der Gelehrte: ›Dann steh doch einfach 'ne halbe Stunde später auf.‹«

Die Witze in diesem Buch sind über 2000 Jahre alt und sind heute noch Grundlage des Kölner Sitzungskarnevals. Sie sind der Beginn für alle Lehrer- und Schülerwitze, die es heute noch gibt: Was sitzt im Lehrerzimmer und hat einen IQ von 120? Fünf Sportlehrer! Den gibt es aber auch als Schülerwitz: Kommt der Mathelehrer vor die Klasse und sagt: »Boh, ihr seid so scheiße, bei der Mathearbeit haben 60 Prozent von euch 'ne Fünf.« – Sagen die Schüler: »60 Prozent. Quatsch. So viel simmer doch gar nicht.«

Das Besondere bei Demokrit war aber, dass man in seiner Philosophie auch über die Götter lachen konnte. Man kann sagen, Demokrit war damit der erste Rheinländer.

Denn auch hier sieht man die Religion heiter wie in folgendem Witz: Zwei katholische Jungfrauen wohnen zusammen, und gegenüber macht ein Puff auf. Gucken die am ersten Tag aus dem Fenster, geht da ein evangelischer Pfarrer rein. Sagen die: »Da … die Evangelen. Nur Lug und Trug und Sünde.« Am nächsten Tag geht der evangelische Presbyter hinein. Sagen die: »Da. Die Evangelen. Typisch. Die leben alle in Sünde.« Wieder ein Tag später geht der evangelische Landesbischof da rein. Sagen die: »Da. Von Kopf bis Fuß verdorben diese Evangelen. Sogar der Bischof.« Am nächsten Tag gucken die wieder raus. Geht der katholische Pfarrer da rein. Sagt die eine: »Och, guck mal, wie furchtbar! Da wird doch keiner gestorben sein?«

Das Lachen über die Götter wurde natürlich nicht gerne gesehen. Nicht in der Antike. Aber vor allem nicht, als sich dann das Christentum durchsetzte. Die waren am Anfang ganz gegen das Lachen. Schon in der Bibel steht bei Lukas: »Weh euch, die ihr lachet! Denn ihr werdet weinen und heulen!« Es gibt keine Stelle in der Bibel, wo Jesus lacht. Auch kein Bild. Und bei Gott ist das genauso.

Zorn statt Zoten: Gott

Gott ist ernst. Er hat schlechte Laune. Bei Allah das Gleiche.

Ja, Allah darf man nicht darstellen. Machen wir auch nicht. Aber man kann sagen: Auch im Koran gibt es nur wenige Stellen, die auf größeren Humor hindeuten. Dagegen er hier …

Quelle der Erheiterung: Buddha

Das ist nicht Reiner Calmund. Das ist Buddha. Super-Stimmung.

Oder hier … Shiva

Quelle des Frohsinns: Shiva

Total verknotet und eine ungesunde Gesichtsfarbe, dennoch mit einem Lachen. Man kann sagen: Die monotheistischen Religionen haben ernste Götter. Die polytheistischen haben lachende Götter. Der Grund ist, dass man in den monotheistischen Religionen einen Gott unheimlich ernst nehmen muss. Die Université catholique in Belgien hat das wissenschaftlich untersucht und festgestellt: Religiöse Fundamentalisten haben weniger Humor als Menschen, die nicht glauben. Denn im Lachen steckt ja auch eine Form von Anarchie. Man lehnt sich gegen gängige Erklärungsmodelle auf: Jesus geht durch die Wüste. Da kommt ein alter blinder Mann mit wallendem weißem Haar und Bart vorbei. Der streckt die Arme suchend aus und ruft: »Ich suche meinen verlorenen Sohn.« Sagt Jesus: »Vielleicht kann ich dir helfen, alter Mann. Woran kann man deinen Sohn denn erkennen?« Sagt der Mann: »Er hat Löcher von Nägeln in den Händen und in den Füßen. Ruft Jesus: »Vater!« Ruft der Mann: »Pinocchio!«

Diese heitere Haltung, auch im Leiden das Komische zu sehen, gab es natürlich vor allem im frühen Christentum nicht. Das Christentum ist die Religion des Leidens, und deshalb sollten die Gläubigen auch leidend herumlaufen. Augustinus hat das Lachen sozusagen verboten, Benedikt hat es seinen Mönchen untersagt. Lachen war heidnisch, woher sich der Begriff »Heidenspaß« ableitet. Trotzdem gab es natürlich auch im Rahmen des Christentums immer wieder Kanäle, in denen sich das Lachen Bahn gebrochen hat, zum Beispiel im Mittelalter in der Tradition des Narrenbischofs um Weihnachten, meistens am 28. Dezember, dem Fest der unschuldigen Kinder. Das war der Höhepunkt des Jahres für alle die, die sonst nichts zu sagen hatten, die Diakone und niedrigen Ränge des

Klerus taten sich zusammen und feierten, tanzten, soffen, erzählten Witze in der Kirche. Man stopfte sich mit Blutwürsten und Bratwürsten voll, spielte Karten, füllte alte Schuhe in die Weihrauchfässer und zündete sie an. Und der Höhepunkt war der Ritt auf einem Esel in den Dom mit einer eigenen Liturgie, bei der statt Amen »I-A« gerufen und ein Narrenbischof gewählt wurde. Meistens ein Wahnsinniger, der in der Kirche von der Kanzel einen ganzen Tag sinnloses und verrücktes Zeug predigte. Das wurde dann abgeschafft. Außer in Köln. Die Kölner haben so einen Bischof seit über zwanzig Jahren. Genauso wie den Karneval. Denn auch den erlaubte die Kirche als kanalisierte Form des Lachens.

Narrenakademie Dülken

Einerseits sind es alles ganz normale Bürger in einer Kleinstadt am Niederrhein. Oder auch Kleinbürger in einem großen Dorf. Wie man es nimmt, jedenfalls in Dülken, einem Ortsteil von Viersen: Ärzte und Anwälte, Beamte, Angestellte, Dozenten, Handwerker oder Lehrer. Andererseits benehmen sie sich seltsam, wenn sie in ihrer Mühle zusammenkommen. Hüpfen auf einem Steckenpferd im Kreis herum, grüßen sich lateinisch, von dem sie außer den Redensarten und Titeln fast nichts verstehen, und stimmen ziemlich großspurig ihr Sitzungslied an: »Wir sind die Könige der Welt.« Sie lassen Frauen nur als Dekoration zu besonderen feierlichen Anlässen zu, ansonsten sind sie Männer und bleiben unter sich. Sie kleiden sich wie eine akademische Burschenschaft, sind es aber nicht, wirken wie eine Karnevalsgesellschaft, sind es aber auch nicht. Sie bewirtschaften eine alte Bockwindmühle und haben mit dem Handwerk um Mühle und Mehl ganz sicher nichts zu tun: die Dülkener Narrenakademie.

Mit dem offiziellen Gründungsdatum 1554, behaupten die Dülkener, seien sie die älteste organisierte Narrenzunft in Deutschland. Dieses Datum wird in einer komplizierten Rechnung anhand eines Chronogramms im Ballsaal ermittelt, erste belegbare Aktivitäten gibt es allerdings erst mit der Franzosenzeit am Rhein nach 1794, und ein ortsansässiger Archivar findet die älteste Urkunde der Akademie erst im Jahre 1824. Aber es zeugt von einer gewissen Chuzpe, wenn sie auf die Frage nach dem tatsächlichen Gründungsdatum mit der bescheidenen These reagieren: »Wenn die Narrenakademie auch nicht bestanden haben sollte, so hätte sie doch gut bestehen können.« Und dann belegen sie gleich noch wortreich, dass Goethe ihr Ehrenmitglied gewesen sei.

Brauchen Narren eine Akademie?
Stankowski in Dülken

Die Narren der Dülkener Akademie wirken komisch, aber nicht verklemmt. Ihre Kunst ist, den Unsinn zu kultivieren, nach Riten zu feiern, die dafür nicht vorgesehen sind. Diese lokalen Honoratioren streben nach Anerkennung, welche sie gleichzeitig zurückweisen. Das jährliche Hochfest ist ein eigentlich lächerlicher Ritt um die Mühle, dabei singen sie ihren Gassenhauer »11 000 Jecken reiten auf Stecken, reiten um die Mühle im Galopp, hopp, hopp, hopp ...« Und dann natürlich das gan-

ze akademische Brimborium mit Titeln und Orden, Ehren und Sitzungen. Sie ernennen nach Lust und Laune Doctores humoris causa. Neben professionellen Narren wie Hanns Dieter Hüsch oder Konrad Beikircher sind das auch Amateurunterhalter wie Franz Josef Antwerpes und Norbert Blüm oder Persönlichkeiten der Zeitgeschichte von Berti Vogts über Udo Jürgens bis zum amerikanischen Raketenguru Wernher von Braun.
Ein Element allerdings unterscheidet sie deutlich von vergleichbaren Spaß- und Narren- oder Karnevalsgesellschaften: ihr Spiel mit Aufklärung und Vernunft. Tatsächlich gibt es im 18. Jahrhundert die Spielart ironischer Kritik, eine Vorform kritischer Vernunft, die Zweifel an Aufklärung oder Rationalismus säte und pflegte und gegen das Absolute das Periphere und Sekundäre, an die Stelle des Erhabenen das Abgeleitete setzte. Das Steckenpferd, auf dem sie wie die Kinder herum hüppeln, ist das Spielerische versus das Militär, der Mond auf ihrer Mühle, den sie vielfach besingen, ist das Gegenteil der Sonne und glänzt nicht durch eigenes, sondern durch fremdes Licht – wie sie betonen. Und wenn sie behaupten, Goethe sei fast so eine Art Urmitglied, dann muss auch das nicht stimmen. Hauptsache, die These klingt gut für eine Akademie der Narren.

Die Narrenakademie.
Die erleuchtete Mondsuniversität.
Die berittene Akademie der Künste und Wissenschaften zu Dülken. e.V.
Narrenmühle Dülken
Viersen, Rheindahlenerstr. 1
Narrenmuseum geöffnet
Mai bis September, So 11-12 Uhr
www.narrenakademie.de

Mit dem Steckenpferd soll man über sich selbst lachen. Und nicht nur über sich, auch über Autoritäten, die auf dem hohen Ross sitzen. Wenn man über etwas lacht, dann verliert es seinen Schrecken. Aus dieser Funktion leitet übrigens auch Freud seinen Begriff von Humor ab. Er geht von drei Stufen aus, die unser Leben bestimmen. Das »Ich«, das »Es« und das »Über-Ich«. Oder wie der Kölner sagt: Dat »Mich«, dat »Dat« und dat »Övver-Mich«.

Das »Mich«, da geht's um mich. Das »Dat«, da geht es um die Triebe und die Aggression, und das »Övver-Mich« ist das, was die Nachbarn övver mich sagen. Freud geht nun davon aus, dass das Övver-Mich das Dat unterdrückt. Das Dat muss aber raus, und das macht es entweder im Krieg, im Puff oder im Humor. Und der zeigt sich nach Freud in der sogenannten Freud'schen Fehlleistung. Das heißt, dass man etwas sagt, was man gar nicht sagen will, aber trotzdem meint. Es rutscht einem was raus. Man will sagen: »Ich geh zum Kicken«, und sagt: »Ich geh zum Ficken«.

Man sagt nicht, was man macht, sondern was man eigentlich machen möchte. Eine andere Variante ist, dass man etwas unterbewusst anders versteht, als es gesagt wurde. Wie in dem Witz, wo zwei Türken im Porno-Kino sitzen. Sagt der eine: »Ey, hast du Erektion?« Sagt der andere: »Bin ich schwul? Ich hab Nokia.«

Für Freud ist das Lachen eine Art Verarbeitung unserer Triebe. Deshalb gibt es auch so viele Witze über Sex. Weil sie die innere Spannung, die Sex in unserem Gehirn erzeugt, abbauen. Aber nicht nur Sex sucht sich nach Freud im Witz ein Ventil, auch Urängste wie Krankheit, Alter oder wilde Tiere. Deshalb gibt es ja auch in Köln so viele Löwenwitze. Hunderte von Löwenwitzen! Aber jetzt kommt, was viele gar nicht wissen: In Köln leben gar keine Löwen! Da wird nur die Urangst vor dem wilden Tier, dem Fressfeind, verarbeitet: Tünnes kommt von der Safari zurück, und Schäl fragt: »Und wie war es in Afrika?« – »Dat war furchtbar! Sitz ich da beim Essen, mach noch einen Verdauungsspaziergang, kommt da ein Riesenlöwe.« – »Und was hast du gemacht?« – »Da bin ich gerannt.« – »Und dann?« – »Bin ich noch schneller gerannt, weil der immer noch hinter mir war.« – »Und dann?« – »Bin ich noch schneller gerannt, da hörte ich den Atem schon hinter mir, der war mit der Zunge schon an minger Botz.« – »Und dann?« – »Bin ich, zack, rauf auf den Baum, und da war ich gerettet.« Sagt der Schäl: »In der Wüste gibt es doch überhaupt keine Bäume.« – »Och, dat war mir in dem Moment so was von egal!«

Der Witz dient hier nach Freud dem Umgang mit Ängsten, weshalb ja auch in Diktaturen besonders viele Witze entstehen. Sogar in der Nazi-Zeit. Der Kabarettist Werner Finck zeigte auf der Bühne drei Porzellanschweinchen und sagte: »Darf ich vorstellen: Das ist die Familie Mann! Das ist Frau Mann, das ist Fräulein Mann, und das ist Her-mann!« Riesengelächter. Allerdings kriegte Göring das mit und ließ Finck verhaften. Der kam dann nach ein paar Wochen zurück auf die Bühne, zeigte wieder die drei Schweine und sagte: »Darf ich vorstellen: Familie Mann! Das ist Frau Mann, das ist Fräulein Mann … und das ist das Schwein, wegen dem ich im Knast gesessen hab.«

Diktatoren fürchten nichts mehr als Witze, weil sie ihre Autorität untergraben. So ließ Hitler zum Beispiel jede Menge Prozesse gegen Leute führen, die ihren Hund Adolf genannt hatten.

Ängste und Bedrohungen sind oft Thema und Ausgangspunkt von Witzen. Wobei vor allem eine Angst sehr häufig in Witzen behandelt wird: die Todesangst. Tod und Humor liegen enger beieinander, als man denkt. Weil zwei Dinge zusammengebracht werden, die eigentlich nicht passen: Ein trauriger Anlass und das Lachen. Auf einer Beerdigung weinen ist normal. Auf einer Beerdigung im Lappenclown-Kostüm auftreten, kann komisch sein.

Und damit wären wir auch schon bei der Humor-Definition von Kant. Kant sagte: Lachen entsteht, wenn sich eine Erwartung in etwas Unerwartetes verwandelt. Wir erwarten, dass eine traurige Nachricht überbracht wird, aber es passiert etwas Komisches. Zwei Haltungen, die nicht zusammengehören, stoßen aufeinander. Es geschieht nicht das, womit wir rechnen, sondern etwas völlig anderes:

Ein Einbrecher kommt ins Haus. Als er gerade durch das stockfinstere Wohnzimmer schleicht, hört er eine Stimme: »Ich sehe dich, und Jesus sieht dich auch!«

Der Einbrecher erschrickt zu Tode, schaltet seine Taschenlampe ein und sieht auf einer Stange in der Ecke einen Papagei sitzen. Dieser sagt nochmals: »Ich sehe dich, und Jesus sieht dich auch!« Meint der Einbrecher erleichtert: »Hast du mich aber erschreckt. Wie heißt du denn?« – »Elfried!« – »Elfried ist doch wohl wirklich ein selten blöder Name für einen Papagei!« Grinst der Vogel: »Na und, Jesus ist auch ein selten blöder Name für einen Rottweiler.«

Das ist das abendländische Witzprinzip. Jetzt stellt sich natürlich die Frage: Ist das eigentlich auf der ganzen Welt so? Lacht der Chinese über die gleichen Dinge wie der Azteke? Gibt es Witze, die weltweit funktionieren?

Diese Frage wurde auch wissenschaftlich behandelt. Richard Wiseman, ein Psychologie-Professor aus London, hat in einer riesigen Studie Witze gesammelt und weltweit bewerten lassen. Er war sozusagen auf der Suche nach dem besten Witz der Welt. Und was hat mit am besten abgeschnitten? Unter anderem ein Lehrerwitz, womit wir wieder in der Antike angekommen wären. Bei den Witzen über den Scholasticos. Der Witz geht so:

Eine Lehrerin hat schlechte Laune und will sie an ihrer Klasse auslassen. Deshalb sagt sie: »Alle, die glauben, dass sie dumm sind, stehen jetzt mal auf!« Es passiert nichts. Erst nach zehn Minuten steht ein kleines, schüchternes Mädchen ganz langsam auf. Sagt die Lehrerin: »Ach, du glaubst also, dass du dumm bist?« – »Nein«, antwortet das Kind, »aber ich wollte nicht, dass Sie so alleine dastehen.«

Schlussendlich: Mit Witz zum Wissen

So endet unsere Reise dort, wo sie begann: in der Schule. Bildungsnotstand, Bildungsmisere: Warum bringen wir Bildung immer nur mit übel riechenden Begriffen, ranzigen Klassenzimmern, stinkenden Turnhallen und muffigen Hörsälen in Verbindung? Warum wird sie uns nicht zu einem nie versiegenden Quell der Erheiterung? So wie der Klerus der Religion das Lachen austrieb, so scheint es Platon den Pädagogen vergällt zu haben. Aber Witz und Wissen, Satire und Scholastik gehören wie Religion und Humor untrennbar zusammen. Alexander Moszkowski, der bereits 1911 die erste große Sammlung jüdischer Witze herausgab, schrieb: »Der jüdische Witz ist das Fundament und die Krone allen Witzes.« Wen wundert's? Wer über 600 Gebote zu befolgen hat, übt seine Fantasie lieber im Umdeuten, und somit in humorvoller Auslegung, als im akribischen Befolgen. Die Satire wird zum Humus der Gedankenfreiheit und der Humor fliegt über das starre Regelwerk hinweg. Selbst Minister Goethe mahnte vor pedantischer Gesetzestreue: »Wenn man alle Gesetze studieren sollte, so hätte man gar keine Zeit, sie zu übertreten.«

Das wäre doch schade für Eltern und Kind. »Vater, draußen am Wagen gibt es Äpfel, gib mir Geld, ich möchte einen kaufen.« – »Wozu brauchst du da Geld? Geh hinaus und streck dem Mann die Zunge raus! Vielleicht wirft er dir einen Apfel an den Kopf!«

Humor schafft Distanz, erhebt, und so gelingt es mitunter, die Dinge von oben zu betrachten. Religion ist somit sogar eine Erscheinungsform des Humors, weshalb so viele unserer Exkursionen uns an Orte mit »Religionshintergund« führten. Heinz Rühmann brachte es als Pater Brown auf den Punkt: »Nur wer über den Dingen schwebt, kann sie belächeln.«

Wenn aber die griechischen Epen und die jüdische Bibel die Wurzeln unserer Kultur sind, warum orientieren wir uns dann in der Bildung ausschließlich am Pointenkiller Platon? Wo bleibt der Komiker Demokrit? Warum immer noch Trümmerliteratur im Bildungskanon, warum nicht auch endlich Loriot, Monty Python und Robert Gernhardt? Und Lehrer, die in der Unterrichtsstunde nicht einmal ihre Schüler zum Lachen bringen, bekommen einen Eintrag ins Klassenbuch: Lernstand ohne Erhebung. Da der Humor uns erst durch Fehlinformationen erhebt, lehrt er uns, was wahrlich wichtig ist, zu unterscheiden zwischen Richtigem und Falschem – und erzeugt noch obendrein ein Wohlgefühl.

> *Nicht allen Menschen ist es eigentlich um ihre Bildung zu tun; viele wünschen nur so ein Hausmittel zum Wohlbefinden, Rezepte zum Reichtum und zu jeder Art von Glückseligkeit.*

Guter Goethe, gelänge es uns doch, beides zu verbinden!

Bildnachweise

S. 9 Jürgen Becker
S. 19 www.borussenfront.de/Grafik/bierdeckel.jpg
S. 22 Wikipedia Commons
S. 23 Wikipedia Commons
S. 38 Jürgen Becker
S. 40 Wikipedia Commons
S. 52 oben Zdenek Burian
S. 52 unten Mario Pelozzoli
S. 53 picture-alliance/ dpa/dpaweb
S. 56 http://www.heiligenlexikon.de
S. 57 picture-alliance/ dpa/dpaweb
S. 60 Wikipedia Commons
S. 61 Wikipedia Commons
S. 62 Wikipedia Commons
S. 66 oben www.trendland.de
S. 67 oben Stefan Meyers
S. 67 unten Kirsten Neumann/dfd images
S. 68 picture-alliance/ dpa
S. 69 Tim »Avatar« Bartel: http://de.wikipedia.org/wiki/
Datei:Kranz_Koelsch.jpg
S. 81 Ulrich Mattner
S. 82 Wikipedia Commons
S. 83 Wikipedia Commons
S. 96 picture-alliance/ dpa/dpaweb
S. 105 www.heiligenlexikon.de
S. 106 Wikipedia Commons
S. 108 picture-alliance / Sven Simon
S. 114 AP
S. 126 www.hessen-limes.de

S. 127 Armin Kübelbeck
S. 138 picture-alliance / dpa
S. 139 oben picture-alliance / dpa
S. 140 picture-alliance / dpa
S. 141 AP
S. 142 oben http://blogs.msdn.com/socaldevgal/archive/2007/11/22/yue-minjun-laughing-art.aspx
S. 142 unten picture alliance / dpa
S. 146 Wikipedia Commons
S. 147 unten www.balimoebel.de/Images/Deko/TambBuddha1000.jpg
S. 148 www.yoga-vidya.de/Bilder/Galerien/Shiva.html

Soweit es möglich war, wurden Copyright-Fragen zu den Abbildungen geklärt. Nicht erreichte oder erwähnte Inhaber von Bildrechten werden gebeten, sich zu melden.

Jürgen Becker. Geld allein macht nicht unglücklich. Mit dem Mysterium des rheinischen Kapitalismus aus der Krise. KiWi 1123

Der neue Kampf der Systeme lautet: amerikanischer Kapitalismus gegen rheinischen Kapitalismus. Während der amerikanische, auf kurzfristigen Gewinn angelegte Neo-Kapitalismus weltweit verheißt: »Jeder ist seines Glückes Schmied«, stimmt der rheinische Kapitalismus sein eigenes Lied an: »Drink doch ene mit!« Denn: Der Umsatz ist langfristig am größten, wenn alle mittrinken!

Jürgen Becker/Franz Meurer/Martin Stankowski. Von wegen nix zu machen … Werkzeugkiste für Weltverbesserer. KiWi 989

An vielen Stellen läuft die Entwicklung böse aus dem Ruder, und wir müssen etwas dagegen tun. Dieses Buch soll Appetit machen auf gute Taten, freche Veränderungen und Ideen, auf die noch niemand gekommen ist. »Wer was macht, hat Macht.«

www.kiwi-verlag.de KiWi PAPERBACK